郁士祥　杜杰 ◎ 编著

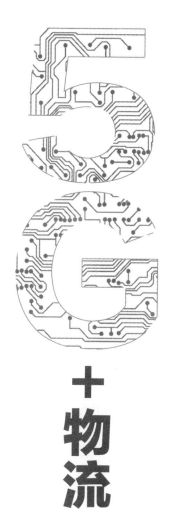

5G+物流

机械工业出版社
CHINA MACHINE PRESS

本书简要回顾了通信技术迭代发展的主要历程，描述了 5G 网络技术创新应用对发展经济、提高人民生活水平的重要作用；对传统物流业发展的过程及特点进行了较详细的叙述，提出了物流行业信息化发展的基本思路及发展成果，重点剖析了物流行业智慧化发展的主要技术支持及应用环节；对 5G 融合物流业发展的前景进行了初步展望，着重描绘了 5G 网络支持下的物流智慧化发展的重点领域及方向。本书图文并茂、理论与实践相结合，在理论阐述、历史及现状分析的基础上，大量引用实践案例，进行形象化表述，以增强可读性。

本书不仅适合 5G、物流从业人员阅读，同时也可作为企事业单位、政府机关工作人员培训教材使用。

图书在版编目（CIP）数据

5G+物流 /郁士祥，杜杰编著. — 北京：机械工业出版社，2020.2
ISBN 978-7-111-64597-9

Ⅰ.①5… Ⅱ.①郁… ②杜… Ⅲ.①无线电通信-移动通信-通信技术-应用-物流管理 Ⅳ.①F252.1

中国版本图书馆CIP数据核字（2020）第023527号

机械工业出版社（北京市百万庄大街22号 邮政编码100037）
策划编辑：朱鹤楼　　　　　责任编辑：朱鹤楼　侯春鹏　解文涛
责任校对：李　伟　　　　　责任印制：孙　炜
北京联兴盛业印刷股份有限公司印刷

2020年3月第1版第1次印刷
145mm×210mm・7.125印张・3插页・140千字
标准书号：ISBN 978-7-111-64597-9
定价：59.00

电话服务　　　　　　　　　　网络服务
客服电话：010-88361066　　　机 工 官 网：www.cmpbook.com
　　　　　010-88379833　　　机 工 官 博：weibo.com/cmp1952
　　　　　010-68326294　　　金 书 网：www.golden-book.com
封底无防伪标均为盗版　　　机工教育服务网：www.cmpedu.com

推荐序 1

认识士祥快 30 年了。刚认识那会儿他还是我的学生。毕业后他进入原国内贸易部,加入我国现代物流理论与政策研究和推进的队伍里,于是我们的合作升华到政学研的高度。

后来我们有过多次合作,做课题研究,也合作编写物流方面的书籍,印象较深的是《现代物流与配送中心:推动流通创新的趋势》(1997 年,中国商业出版社)这本书,士祥承担了部分编写工作,这本书当时对推动国内流通企业物流与配送中心的建设起到了重要指导作用。后来,他自己也陆续编著了一些物流教材类的图书。

2020 年,他在总结多年从事政府物流管理、物流企业经营和仓储与配送行业协会工作经验及对 5G 及物流最新认识的基础上,写就了《5G+ 物流》,我很欣慰,很愿意向读者推荐他的这本书。

5G 技术的应用,不仅是通信领域的创新,更是物流行业发展的重大契机。5G 的诸多优势,能够解决物流领域的很多重要问题。比如，运输与配送的无人化，仓储管理的智能化，物流园区的智慧化，在原有的 4G 环境下无法实现的场景，因为有了 5G 就成为自然的事情。

读了书稿，我发现了很多自己熟悉的东西，那是一段共同推动我国物流业发展，一起为我国物流现代化努力的记忆，虽然一些背后的故事并不为外人所知。或许是受到知识和实践的双重局限，书中关于物流智能化及 5G 商用内容的描述并不一定准确，但总的思路是准确的，描述的事实和对未来的展望具有较强的实践指导意义。

对于那些正在对 5G 在物流领域的应用场景进行畅想的朋友，不妨读一读这本书，相信能够获得一些有益的、值得借鉴的东西。

何明珂 博士
北京物资学院副院长、教授
教育部物流管理与工程类专业教学指导委员会副主任委员
2020 年 1 月 18 日于北京航天桥

推荐序 2

庚子岁初，全国战"疫"，居家不出，一边惊叹信息技术的好处，一边拜读郁士祥的《5G+物流》，感触越多。

如果没有信息技术的发展，怎样快速调度全国物资？怎样全国布控？居家不出和被迫隔离的人们该有多无聊啊？一切都不可想象。

基于精深的专业造诣和深厚的行业管理与实践经验，这本书视野宽广但又有深度，逻辑严密又不缺鲜活案例，有过去的认知又有美好的憧憬。特别是有关模式创新和技术创新关系的论述，很有启发，深表认同。

从我个人角度来看，作为一个入行30年的物流老兵，经历了1G时代到5G时代的物流信息技术的应用和发展全过程，深知信息技术对物流发展的重要性；作为一个先锋互联网+物流企业的创始人、董事长，四年前走上创业之路，我深切地认识到随着信息技术的发展，物流行业在重要变革时期面临着巨大的机遇与挑战，一个重要的特征就是逐步走向智慧物流时代。

智慧物流实现互联网向物理世界的延伸，互联网与物流实体网络融合创新，实现物流系统的状态感知、实时分析、科学决策、精准执行，进一步达到自主决策和学习提升。随着5G、物联网、大数据、人工智能、区块链、数字孪生等技术的发展和扩展应用，数智化物流将是物流高质量发展的重要驱动力，改变的不仅仅是物流行业，还将会深度影响各行各业、各个地区的供应链。

未来的十年，是以科技手段提升产业效率的十年，物流业也不例外。无人机、无人仓、无人车的广泛应用实现无人化，在运作层面大幅提升效率。在更高的层面，科技的手段提供了很多良好的工具，以平台化和数据驱动形成供应链协同系统，提升信用和效率。各类物流平台以共享、共赢、共生为主要理念建立起生态圈。通过平台的进一步发展和平台间的联合，实现物流与供应链大整合，智慧化大协同系统将再次实现物流升维。

这一切，5G将起到基础性的作用。本书对此有精彩的论述和清晰的展望。

卢立新
安徽共生物流科技公司董事长
中国物流学会副会长
安徽省总商会副会长
2020年2月2日于安徽芜湖

序

习近平总书记指出，建设网络强国的战略部署要与"两个一百年"奋斗目标同步推进，向着网络基础设施基本普及、自主创新能力显著增强、信息经济全面发展、网络安全保障有力的目标不断前进。

2018年12月，中央经济工作会议明确"要加强新型基础设施建设，推进人工智能、工业互联网、物联网建设，加快5G商用步伐"。2019年6月6日，我国发放5G商用牌照，标志着我国正式进入5G时代。

5G来了。

5G是什么？

万物互联，极速体验，超低时延，多维节能，多产业全场景应用……仁者见仁，智者见智。笔者个人的理解，5G是通信领域的一场大变革，是通信网络和技术的立体化展示，是从宽带向无线发展的里程碑。

5G以其高速率、大连接、高可靠、低时延等特性，推动万物智联，有望赋能各行各业，有望带动整个社会深刻变革。5G 商用价值无限，至少目前还无法预期。

从物流领域看，在 5G 尚未到来之前（暂且称之为"前 5G 时代"，后文同），物流业的信息化、智能化已得到了全面的推进且取得了初步成效，无论是单个企业的业务系统和管理平台，还是行业的资源整合平台和政府主导的物流服务与管理信息平台；无论是物联网技术应用与场景营造，还是人工智能的不断普及和升级，看得到、摸得着，实实在在的效果就摆在那儿。

5G 来了，给现代物流业开启了一个全新的"捷径"，"5G+物流"不再是一个概念，而是全新的应用，从技术层面的升级，到服务体验的飞跃，提质、降本、增效，5G 融合将助力现代物流业跨越式创新发展。对此，我们确信无疑。

5G 在物流领域的"落地"，首先要抓住其有别于"前 5G 时代"通信技术的明显特性，比如，在网络的架构与组合上，在设备的互联互通上，在应用场景中"物"的信息叠加与自主传输（"活"的物）上，去发掘其真正的实践价值，这样才能找到 5G "落地"的关键。因此，对 5G 从认识、理解概念与技术，到发掘其实践价值，进而在物流领域推广应用，也不会是一个简单的过程，还需要专家与实体经营者的共同探索。

编写此书，既是出于对"5G+物流"理念推广的紧迫感，也是5G助力物流产业升级的使命使然。由于时间的仓促、理解的不到位、实践方面的未深入感知，本书难免有错漏之处，诚请批评指正。

本书编写得到了各方面专家和相关企业领导的大力支持，机械工业出版社的领导、编辑给予了专业的指导，在此一并致谢。

郁士祥　杜杰
2019 年 11 月于北京

目 录

推荐序 1
推荐序 2
序

第一章 **5G 来了——引领美好新生活** / 001

Chapter 01

一、从 1G 到 5G：移动通信技术的演进 / 002
　（一）1G：20 世纪 80 年代的模拟系统 / 002
　（二）2G：20 世纪 90 年代的数字通信 / 004
　（三）3G：2009 年后的宽带通信 / 005
　（四）4G：2013 年后的互联网通信 / 006
　（五）5G：应运而生的第 5 代移动通信 / 007

二、酷炫的 5G：定义及特点 / 009
　（一）5G 的定义 / 009
　（二）5G 的特点 / 011
　（三）5G 基站 / 013

三、5G 商用：全球在行动 / 016
　（一）全球竞争 / 016
　（二）我国力促 5G 发展 / 018

四、5G 改变生活 / 023
　（一）3 个方向的影响 / 024
　（二）经典的场景 / 025

（三）世园会的亮点 / 028
（四）华为的实践案例 / 030
（五）北京市提出 5G 五大应用场景 / 032

第二章　传统物流迈向信息化　　　　　　　　　　/ 035

Chapter 02

一、我国物流业发展历程 / 036
　　（一）物流概念的引入 / 037
　　（二）我国物流业发展阶段 / 038
二、基于信息系统的物流业务创新 / 043
　　（一）政策推进物流信息化 / 043
　　（二）物流信息化取得的成果 / 045
　　（三）物流信息化的发展趋势 / 048
三、基于信息化的物流创新模式范例 / 051
　　（一）仓配一体化 / 051
　　（二）城乡配送模式创新 / 059

第三章　物流新阶段：智慧化创新　　　　　　　　/ 065

Chapter 03

一、政策推进物流智慧化 / 066
二、物流智慧化的主要技术及其应用 / 070
　　（一）自动识别技术及其应用 / 072
　　（二）数据挖掘技术及其应用 / 080
　　（三）GIS 技术及其应用 / 083
　　（四）物联网技术及其应用 / 084

（五）人工智能技术及其应用 / 088

（六）VR/AR 技术及其应用 / 096

三、物流智慧化的重点环节 / 101

（一）仓储环节 / 101

（二）运输环节 / 104

（三）配送环节 / 106

四、应用范例 / 109

（一）国商物流"仓与运"智慧化管理 / 109

（二）蜂网供应链一体化解决方案 / 110

（三）普洛斯"海纳智慧仓1号"项目 / 115

（四）智慧粮库 / 117

第四章 Chapter 04　5G 融合——物流智慧化新愿景　　/ 123

一、物流智慧化需要 5G / 124

（一）为什么需要 5G / 124

（二）5G 带来的变化 / 126

二、做好准备工作 / 130

（一）技术准备 / 130

（二）网络准备 / 143

（三）综合管理平台准备 / 148

三、应用场景选择 / 155

（一）单一作业环节：仓储 / 156

（二）单一作业环节：运输 / 配送 / 158

四、综合方案：基于 5G 的智慧物流园区建设 / 161

（一）园区 5G 网络部署 / 164

（二）园区出入管理：智能门闸道闸系统 / 167

（三）园区通行管理：智慧导航与照明系统 / 169

（四）园区作业管理：智慧作业系统 / 170

（五）园区业务服务管理：智能办公与监测分析系统 / 172

（六）园区安防管理：智能监控与安防系统 / 182

第五章 Chapter 05 拥抱"5G+ 物流" / 185

一、政府：统筹协调，规划引领，政策支持，保障安全 / 187

（一）加强组织和协调 / 187

（二）突出规划引领 / 189

（三）加大政策支持力度 / 191

（四）强化安全保障 / 193

二、通信领域：降低资费，突破屏障，创新技术 / 196

（一）进一步降低资费水平 / 196

（二）突破网络建设屏障 / 200

（三）创新配套技术与应用模式 / 202

三、物流领域：完善标准，智能全链化，增加投入，培养和储备人才 / 208

（一）夯实物流标准化基础 / 208

（二）推进物流全链路智慧化 / 210

（三）多渠道增加投入 / 211

（四）加快人才培养与储备 / 212

第一章
5G 来了——引领美好新生活

在经历了从固定电话拨号上网,到宽带上网,再到 4G 无线上网,我们充分体验了网络技术的飞越发展,及其带来的经济与社会生活的重大变革。

面对即将到来的 5G 网络世界,根据专家们精彩的描述,我们对未来畅游网络无限空间,充满期待。

2019 年 6 月 6 日,工业和信息化部正式向中国电信、中国移动、中国联通和中国广电发放 5G 商用牌照,标志着我国正式进入 5G 商用元年。

那么,5G 究竟是什么?在探讨"5G+ 物流"相关问题之前,有必要对此进行简要的解读。

一、从 1G 到 5G：
移动通信技术的演进

概括地说，无论是 1G 还是 5G，都属于移动通信技术发展的一个阶段，因人们生产生活需要而不断地更新换代（"G"即 Generation，就是"代"的意思），它们在传输速率、采用的移动通信技术、传输质量、业务类型等方面存在较大差别，各自遵循不同的通信协议。

从 1G 到 5G，就是从第一代到第五代移动通信技术，相互接续，各有所长。

（一）1G：20 世纪 80 年代的模拟系统

1G，第一代移动通信技术，20 世纪 80 年代诞生于美国芝加哥，是最早的移动商用通信系统。该技术采用模拟信号传输，通过 FM 调制，将介于 300Hz 到 3400Hz 的语音转换到高频的载波频率 MHz 上。这种模拟信号传输方式只能应用于语音传输业务，且涵盖范围小、信号不稳定、语音品质低。1G 主要系统为 AMPS（Advanced Mobile Phone System）。

我国的移动通信产业在 20 世纪 80 年代初期还处于空白状态，直到 1987 年的广东第六届全运会上，才正式启用蜂窝移动通信系统，这是我国移动通信开端的标志。

在应用领域，1G 时代，"大哥大"（大块头的摩托罗拉 8000X）成为"显赫"身份的标志。虽然这类移动终端带来了通信方面的便利，但由于模拟通信系统存在诸多缺陷，经常发生串号、盗号等现象。

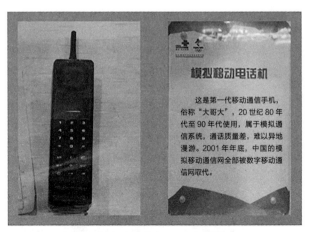

第一代移动通信机——大哥大

在那个时代，摩托罗拉和爱立信主宰了移动通信的 A 网和 B 网，直到 1999 年两网才被正式关闭。

（二）2G：20 世纪 90 年代的数字通信

1995 年，在"中华电信"的引导下，我国正式进入 2G 通信时代。

这时，通信技术日趋成熟，GSM（Global System for Mobile Communication，全球移动通信系统）、TDMA（Time Division Multiple Access，时分多址）、CDMA（Code Division Multiple Access，码分多址）等不同制式的数据业务纷纷登场。

从这一代开始，数字传输取代了模拟传输，开启了数字网络时代。2G 在一定程度上解决了 1G 技术的缺陷，通信保密性极大提升，系统容量明显增加，便利性增强。技术的成熟和进步，带来了通信质量的提升，从此手机可以上网（速度较慢，第一款能够上网的手机是诺基亚 7110）、发短信，移动通信开始向大众化飞速发展。

GSM 数字移动电话机

(三) 3G: 2009 年后的宽带通信

随着人们对移动网络应用的需求不断提升,新一代移动通信技术产生了,这就是基于新的标准体系的 3G,移动通信进入高速 IP 数据网络时代。从此互联网技术得以广泛应用,移动高速上网成为现实,音频、视频、多媒体文件等各种数据通过移动互联网高速、稳定地传输。

CDMA 是第三代移动通信系统的技术基础,全球主流的 3G 标准主要有 3 个:CDMA2000、WCDMA、TD-SCDMA,其中 WCDMA 是使用范围最广泛的网络制式,基本达到价格低、业务丰富、全球漫游等要求。

我国于 2009 年 1 月 7 日颁发了 3 张 3G 牌照,分别是中国移动的 TD-SCDMA、中国联通的 WCDMA 和中国电信的 WCDMA2000。TD-SCDMA 是我国自主研发的第三代移动通信标准，在国内电信史上具有重要的里程碑意义，但随着 4G 时代的到来，其投资和使用价值趋弱，其用户也逐步向 4G 过渡。

这时，支持 3G 网络的智能手机和平板电脑开始出现，特别是 iPhone 智能手机的诞生，推动了 3G 用户的爆发性增长，进而为 4G 的产生营造了日趋成熟的应用氛围。

（四）4G：2013 年后的互联网通信

4G 采用无线蜂窝电话通信协议，集 3G 与 WLAN 于一体，能够传输高质量的视频图像，且速度快（传输速率静态下可达 1G，高速移动状态下理论速率可达 100M，比拨号上网快 2000 倍）、传输质量高，信号覆盖广泛，支持更多类型的手机和平板电子产品，是目前正在被广泛使用的一代，终端数量规模庞大。

2013 年 12 月，工信部宣布向三大运营商颁发"LTE/第四代数字蜂窝移动通信业务（TD-LTE）"经营许可，即

4G 牌照，开启我国 4G 时代。

我国的 4G 采用了自主研发的 TD-LTE（Time Division-Long Term Evolution，分时长期演进）网络制式，2016 年 6 月基站超过 132 万个，覆盖人口超过 12 亿，与 126 个国家和地区开通了 4G 漫游服务，客户近 4.3 亿，为全球规模最大的 4G 网络系统。

（五）5G：应运而生的第 5 代移动通信

随着 AR、VR、物联网等技术的诞生与普及，5G 应运而生，目前正处在积极研发中。高速率、低时延、低功耗、高可靠是 5G 通信技术的基本特点，也是这一代通信技术的目标和期待。预计 2020 年将陆续实现商用。

5G 不再是一个单一的无线接入技术，而是多种新型无线接入技术和现有 4G 技术的集成，其应用场景十分广泛。国际电联（International Telecomunication Union,ITU）将 5G 应用场景分为移动互联网和物联网两大类，支持海量数据传输，实现万物互联，促进工业互联网等领域发展。

1G—4G 发展概况表

移动通信技术	时间	传输速率	技术标准	服务内容
1G	1980	2.4kb/s	NMT、AMPS	模拟语音
2G	1995	64kb/s	GSM、TDMA、CDMA	数字语音、手机可以上网
3G	2009	125kb/s~2Mb/s	CDMA2000、TD-SCDMA、WCDMA	高速上网，音频、视频、多媒体文件等传输
4G	2013	2Mb/s~1Gb/s	LTE、TD-LTE 等	快速传输高质量视频、图像

总之，从 1G 到 5G，从模拟传输到数字传输，从语音时代走向数据时代，移动通信网络的发展必将给社会带来重大变革。

二、酷炫的 5G：定义及特点

5G 究竟是什么？

（一）5G 的定义

NGMN（Next Generation Mobile Networks，以运营商为主导推动新一代移动通信系统产业发展和应用的国际组织）是这样定义 5G 的：

5G 是一个端到端的生态系统，它将打造一个全移动和全连接的社会。5G 主要包括三方面：生态、客户和商业模式。它交付始终如一的服务体验，通过现有的和新的用例，以及可持续发展的商业模式，为客户和合作伙伴创造价值。

3GPP（3rd Generation Partnership Project，第三代合作伙伴计划）定义了 5G 三大场景：

增强型移动宽带（Enhanced Mobile Broadband，EMBB）。能够在人口密集区为用户提供 1Gbps 用户体验速率和 10Gbps 峰值速率。

海量物联网通信（Massive Machine Type Communication，MMTC）。不仅能够将家用电器和手持通信终端等全部连接在一起，还能面向智慧城市、环境监测等以传感和数据采集为目标的应用场景，并提供具备超千亿网络连接的支持能力。

低时延、高可靠通信（Ultra Reliable & Low Latency Communication，URLLC）。主要面向智能无人驾驶、工业自动化等需要低时延、高可靠连接的应用，能够为用户提供毫秒级的端到端时延及接近 100% 的业务可靠性保证。

相对于 4G 来说，5G 能够提供覆盖更广泛的信号，而且上网速度更快、流量密度更大，其独特的优势能够为智慧城市、环境监测、智能农业、工业自动化、医疗仪器、无人驾驶、家用电器和手持通信终端的深度融合提供通信保障，实现万物互联。

2019 年 4 月 28 日，中国联通集团公司总经理李国华在"5G+ 行动联合发布会"的致辞中表示，5G 不仅是移动通信的一次升级换代，更是一次重大的技术变革，它与人工智能技术一道,将成为经济社会转型升级的重要推动力。

(二)5G 的特点

从不同的角度来总结 5G 的特点,会得到不同的结果。通常的解读,是从 5G 应用的角度来提出的,其特点主要体现在以下 4 个方面:

一是传输速度快。

5G 具有更高的速率,比 4G 提高 10 倍左右,从 4G 的 100Mbps 单位跃升到 10Gbps 单位,只需要几秒即可下载一部高清电影,可以轻松地观看 3D 或 4K 电影,能够满足消费者对虚拟现实、超高清视频等更高的网络体验需求。

二是容量超大。

5G 的容量是 4G 的 1000 倍,峰值速率达 10~20Gbps,能够容纳更多的设备连接,为物联网等应用提供基础支撑。

三是时延极低。

5G 网络的目标是毫秒级的端到端时延,在应对时延超敏感用例时要求接入网时延不超过 0.5ms,具有更高的可靠性。这种极低的时延,能够满足智能制造、自动驾驶、远程控制、远程医疗等行业应用的特定需求,以及移动云计算和可穿戴设备的联网等超低时延需求的应用场景。

四是能耗极低。

5G多维度节能,大大降低了网络能耗。5G基站每1度电支持3400G流量传输,较4G能效提升50倍。

除此之外,5G还有一些有利于应用到实践中的特点,而且对于这些特点的理解,更有利于将5G应用到经济与社会生活中。这些特点主要包括以下3个方面:

一是基于CR(Gognitive Radio,认知无线电)技术的网络自组与优化。

从技术层面讲,它被称为"自组织网络"(SON)。这一技术早在3G时代就被提出,但在5G时代成为一项至关重要的技术,据此可自动协调相邻小区、自动配置和自优化的网络,以减少网络干扰,提升网络运行效率。体现在应用特性方面,在CR技术的配合下,通过SON最小化网络干扰和管理,实现了5G网络的致密化,使之"落地"更好用。

二是基于LTE Proximity Services技术的设备间直

接通信。

这种设备到设备的通信（D2D），使数据的传输"忽略"了基站，实现从一个移动终端设备到另一个移动终端设备的直接通信，终端设备随时可以充当通信传输的一个节点，承担起 5G 信号传输网络不断延续的作用，从而推动了 5G 在车联网、自动驾驶、可穿戴设备等物联网领域更加广泛的应用，让"物"与"物""联"了起来、"活"了起来。

三是基于多天线技术的多收多发与通信方向可控。

采用多天线技术，即在基站和终端部署多个天线，组成 MIMO 系统，以更高效的无线网络服务于多个用户，目前 5G 主要采用的 64×64 MIMO 的 Massive MIMO 可更大幅度地提升无线容量和覆盖范围。同时，多天线技术通过调整每个天线的幅度和相位，赋予天线辐射图特定的形状和方向，使无线信号能量集中于更窄的波束上，实现波束赋形与方向可控，从而增强了 5G 网络覆盖的范围，提升了抗干扰能力，让 5G 看上去"很强大"。

（三）5G 基站

概括地说，5G 所需要的技术主要包括：超密集异构网络、自组织网络、D2D（device-to-device）通信、M2M（machine-to-machine）通信、软件定义无线网络、信息中心网络、内容分发网络、移动云计算、软件定义网络/网络功能虚拟化、情景感知技术等。

由于5G通信使用了高频段，其传输距离大幅缩短，覆盖能力大幅减弱。相对于4G来说，覆盖同一个区域，需要的5G基站数量明显增加。为了减轻网络建设的成本压力，5G采取了宏基站与微基站逐级传输的网络布局模式。

宏基站一般有专用的机架，需要配置专用机房，容量大，覆盖能力强，可靠性较好，适用于较大区域范围的信号覆盖；缺点是建设成本较高。

宏基站

第一章
5G 来了——引领美好新生活

微基站是微型化的基站，体积小，不需要机房，可以就近安装在天线附近，如塔顶和房顶，直接用跳线将发射信号连接到天线端，安装方便，用于室外小区域或室内的信号覆盖；缺点是可靠性较弱，维护不太方便。

微基站

目前，5G 的研究尚处于初期阶段，还存在许多技术问题有待解决。随着其研究历程的不断深入，在未来，5G 必然将会给用户带来全新的通信体验，全面推动信息化时代的发展。

三、5G商用：全球在行动

如前所述，5G既是通信技术的一场革命，也是商业模式的全面转型，更是生态系统的深度融合。5G的诞生必将进一步改变我们的生产生活，推动社会创新发展。

（一）全球竞争

2013年2月，欧盟宣布拨款5000万欧元，用于加快5G移动技术的发展，计划到2020年推出成熟的标准。

2013年5月，韩国三星电子有限公司宣布，已成功开发第5代移动通信（5G）的核心技术，预计于2020年商业化。该技术可在28GHz超高频段以每秒1Gbps以上的速度传送数据，且最长传送距离可达2公里。

2014年5月，日本电信运营商NTTDoCoMo宣布将与爱立信、诺基亚、三星等六家厂商共同合作，开始测试高速

5G 网络，传输速度可望提升至 10Gbps。

2015 年 9 月，美国移动运营商 Verizon 宣布，自 2016 年开始试用 5G 网络，2017 年在美国部分城市全面商用。

目前，加速发展 5G 已成全球范围内的战略共识，相关国家纷纷加快研发 5G 技术，都在不遗余力地竞争 5G 网络的主导权。

有关资料显示，全球 5G 正在进入商用部署的关键期。截止到 2019 年 7 月底，全球已发布 28 张商用网络，其中：北美 3 张，欧洲 11 张，中东 8 张，韩国 3 张，亚太其他地区 3 张；发布 94 款终端，包括：智能手机、CPE 终端、家庭热点、工业模组、路由/数据卡。

韩国是全球首个 5G 实现商用规模化的国家。2019 年 4 月 3 日，韩国 LG U+ 推出 5G 商用服务，首日部署 18000 个站点，吸引 15000 用户。目前韩国已成为全球 5G 商用标杆，用户超过 200 万。

2018 年 12 月，AT&T 宣布，于 12 月 21 日在全美 12 个城市开放 5G 网络服务。

（二）我国力促 5G 发展

在我国，5G 发展被提升到了前所未有的战略高度。工信部、国家发改委、科技部共同支持成立 IMT-2020(5G) 推进组，作为 5G 推进工作的平台，目标是组织国内各方力量，积极开展国际合作，共同推动 5G 国际标准发展。2013 年 4 月 19 日，IMT-2020(5G) 推进组第一次会议在北京召开。

我国 5G 发展历程

时间	措施
2013 年	工信部、国家发改委、科技部共同支持成立 IMT-2020(5G) 推进组
2016 年年初	启动 5G 技术研究试验
2016 年 9 月	完成关键技术验证测试（第一阶段）
2017 年 9 月	完成技术方案验证测试（第二阶段）
2017 年 11 月	工信部发布《关于第五代移动通信系统使用 3300-3600MHz 和 4800-5000MHz 频段相关事宜的通知》，确定 5G 中频频谱；启动系统验证测试（第三阶段）
2017 年 12 月	国家发改委发布《关于组织实施 2018 年新一代信息基础设施建设工程的通知》，要求 2018 年将在不少于 5 个城市开展 5G 规模组网试点，每个城市 5G 基站数量不少 50 个、全网 5G 终端不少于 500 个
2018 年	开展 5G 试点。重庆首个 5G 连续覆盖试验区建设完成，5G 远程驾驶、5G 无人机、虚拟现实等多项 5G 应用同时亮相
2019 年 6 月	工信部向中国电信、中国移动、中国联通、中国广电四家企业发放 5G 商用牌照

2019年6月6日，工信部向中国电信、中国移动、中国联通、中国广电四家企业发放了5G商用牌照。截至2019年7月底，工信部已核发5G设备进网批文7张、进网标志37万个，多项5G关键技术取得突破，围绕产业链有效配给资金链和创新链的局面初步形成。

我国5G产业已建立竞争优势，具备了商用基础。三大运营商分别在北京、上海、广州、深圳、成都等城市加快建设5G商用试点网络。据部分已部署网络场景实测，最大下行速率高达1Gbps，这意味着下载一部高清电影只需要几秒钟。

根据三大运营商2019年8月发布的半年业绩报告，三大运营商2019年在5G上的资本开支合计将达到410亿元。其中，中国移动对5G投资将达到240亿元，全年计划在50个城市建立5万个同时支持SA和NSA模式的基站，明年计划在全国地级以上城市提供5G服务；中国联通和中国电信选择共建共享5G网络的发展战略，双方将在全国范围内合作共建一张5G接入网络，2019年的5G投资预算分别为80亿元和90亿元。

中国联通

成立"5G应用创新联盟"，汇聚产业生态优势资源，领航5G应用快速发展；先后完成首款华为CPE测试、华为中兴 CPE 交付，发布 3 款自制 CPE、MIFI、Dongle，制定 5G 模组测试规范等；召开 5G 模组招募及入网测试启动会，旨在加速 5G 芯片和模组的商用进程，推进 5G 行业终端商用及相关生态建设，促进早日实现 5G 终端泛在化。

中国电信

成立"5G 商用联合推进项目组"，负责落实 5G 发展战略和决策部署，统筹 5G 商用方案整体工作；联合国内外众多企业开展 5G 技术试验和 17 个试点城市的 5G 试验网建设，同时与合作伙伴开展涵盖政务、制造、交通等 5G 十大垂直行业重点应用场景；根据《北京市 5G 产业发展行动方案（2019 年—2022 年）》有关精神，积极推动北京市 5G 发展，并为 2019 年北京世园会提供通信保障服务，在整个园区及数字中心部署 5G，实现 5G 信号覆盖。

中国移动

计划打造全球规模最大的 5G 精品网络，大力推进"5G+"计划，以"2019 年 5G 预商用、2020 年规模商用"为目标，全面启动 5G 规模试验网建设，在 5 个城市开展网络规模试验，在 12 个城市进行 5G 业务示范试验网建设，围绕 31 个应用场景开展 5G 应用示范。

第一章
5G 来了——引领美好新生活

在 2019 年 4 月 28 日举办的"浙江 5G+ 行动联合发布会"上，中国移动董事长杨杰表示，今年中国移动将在杭州各核心城区进行网络部署，开展试商用，还将依托 5G 产业联盟等创新平台，面向智慧城市、工业制造、金融、交通、物流、医疗、教育、农业、媒体娱乐等重点垂直领域打造 5G 端到端解决方案，推动 5G 技术服务于杭州 2022 年"智能亚运"的举办。

截至目前，中国移动在全国 52 个重点城市已建成 2.9 万个 5G 基站，在全国 85 个城市完成了 124 个营业厅的 5G 体验升级改造，在全国 300 个城市启动了 5G 建设。

中国广电

相比其他运营商，广电拥有的 700 兆赫频段被视为发展移动通信的黄金频段，具有信号传播损耗低、覆盖广、穿透力强、组网成本低等优势特性，非常适合于 5G 底层网络。以之为起点，拿到 5G 牌照的广电，可以整合有线电视、无线电视、移动电视，提供生动的贴近人民生活的新服务。

华为公司

自 2009 年至 2019 年 6 月，累计投入 40 亿美元，用于 5G 标准、关键技术研究及商用产品研发；2009 年启动 5G

标准技术研究，2012年开发技术测试原型机，2015年研发出系统测试原型机；2018年开发出智能手机、CPE、巴龙5000等5G商用产品，研发出首个5G基站芯片天罡；实施5G关键技术创新，实现5G极简网络、极致体验。华为5G获得客户高度认可，已获50个商用合同，范围覆盖欧洲、美洲、非洲、中东和亚太地区。

北京市

有消息显示，北京市5G基础设施建设势头喜人，截至2019年7月底，铁塔公司已完成建设交付5G基站7863个，运营商开通5G基站6324个，预计到2019年年底，北京将建设5G基站超过10000个。

深圳市

深圳市政府于2019年9月1日出台《深圳市关于率先实现5G基础设施全覆盖及促进5G产业高质量发展的若干措施》，提出，到2019年年底，深圳全市建设5G基站1.5万个，到2020年8月底，即深圳特区成立40周年之际，累计建成5G基站4.5万个，实现深圳全市的5G网络全覆盖。

有消息显示，截至2019年9月上旬，北京、上海、广州、深圳、重庆、天津、杭州、苏州、武汉、郑州、沈阳等11城5G基站建设时间表出炉。

四、5G 改变生活

在 5G 时代,大带宽、广连接、低时延、高可靠的新型通信网络,实现了人与人、人与物、物与物之间的永续互联,为 5G 聚焦行业应用奠定了坚实的基础。

2019 年 4 月 28 日,在"5G+ 行动联合发布会"上,中国联通正式发布并展示了包括"5G+ 无人驾驶""5G+ 智慧医疗""5G+ 智慧环保""5G+ 智慧能源""5G+ 工业互联网""5G+ 智慧物流""5G+ 新媒体""5G+ 智慧港口"8 个 5G 行业应用场景。

2019 年 9 月 3 日,围绕 5G 主题,华为在成都举行第五届"华为亚太创新日"活动。华为公司董事、战略研究院院长徐文伟在发言中表示,"在万物互联中,5G 作为连接一切的技术,构筑着智能世界的底座。而 5G 的发展正好处在了全球各行各业数字化转型的关键时期,5G 技术的到来恰逢其时"。活动期间，华为联合运营商和产业合作伙伴，共同展示了 5G+VR、5G+8K 视频、5G+ 无人机、5G 远程医疗和 5G 急救车等多种创新行业应用。

那么 5G 的到来，究竟会为我们的生活带来哪些变化？

（一）3 个方向的影响

2019 年 11 月，首届世界 5G 大会在北京召开，中国联通董事长王晓初在开幕式主论坛作了《5G 赋能 遇见美好未来》的主题演讲，从社会治理、生产方式、生活方式 3 个方向描绘了 5G 即将带来的深刻改变：

一是在社会治理优化方向上，5G 将通过数字化管理、智能决策、实时响应、大数据服务等，深刻改变社会的服务管理方式，促进治理体系和治理能力现代化。

二是在生产方式变革方向上，5G 将通过智能化生产、网络化协同等深刻改变生产方式，促进产业转型升级。

三是在生活方式提升方向上，5G 将通过高清视频、VR/AR 等，深刻改变人与人、人与物、物与物之间的交互体验方式，使得人民生活更加美好。

中国联通围绕上述 3 个方向，在 5G 应用领域进行了一些很有意义的实践探索。

例如，在工业互联网领域，中国联通积极进行 5G+ 工业互联网融合应用探索，与商飞联合打造了"5G 全连接智慧工厂"，实现了 30 多个场景的 5G 应用，在材料设备线实现了人工减少 60%~90%、质量提高 30% 以上；在智慧教育领域，围绕 5G 技术打造了多个应用场景，以 5G 赋能智慧教育，助力产业数字化；在智慧社会领域，以 5G 为助力，在惠民、兴业、善政的各领域探索实践了一批 5G 行业应用案例；在智慧健康医疗领域，打造了 5G 移动卒中单元、超远程手术、多中心协同手术等典型案例；在新型智慧城市建设领域，以"城市微单元"为 5G 时代新型智慧城市建设重要切入点，打造了智能运营管理平台、"5G+北斗定位"产品、智能专网等一系列应用，着手打造了北京主语智慧楼宇、上海张江 AI 智慧岛、杭州湖滨智慧步行街、首钢 5G 园区等示范项目。

（二）经典的场景

目前来看，比较经典的 5G 应用场景主要有以下 3 个：

场景一：自动驾驶

在自动驾驶场景中，路面行驶的车辆需要随时把收集到的数据传输到中央控制中心，通过数据中心的计算后再即时传回车上搭载的系统，这一过程中的数据传递和及时反馈的时延要求是非常高的，必须达到每次 100 毫秒以内，目前的 4G 网络无论是对巨量信息的计算处理，还是对处理后信息的即时反馈，都难以应付，而 5G 完全可以胜任。5G 具有高速度、低时延、低功耗的特点，能够解决数据信息传递、及时反馈及由于信息量过大导致硬件高强度工作的能耗问题。

2018 年 9 月，北京市房山区政府与中国移动联手打造国内第一个 5G 自动驾驶示范区，建成我国第一条 5G 自动驾驶车辆开放测试道路，设有 10 个 5G 基站、4 套智能交通控制系统、32 个信息采集点位、115 个智能感知设备，提供 5G 智能网联车试验环境，有效解决了车辆的智能自动驾驶技术问题，打造"智慧交通"。

自动驾驶示范区

第一章
5G 来了——引领美好新生活

场景二：外科手术

2019年1月19日，福建省的一名外科医生利用5G网络实施了全球首例远程外科手术。这名医生通过5G网络操控30英里（约合48公里）外偏远地区的一个机械臂进行实验动物的肝脏切除手术。5G网络的高速度和低时延（仅有0.1秒）满足了远程手术的要求。

场景三：智能家居

智能家居行业发展已数十年，至今却依然举步维艰，这其中一个主要原因就是网络的限制。有了5G的支撑，再加上大数据、云计算等技术，使家居行业智能化成为可能，未来会有更好的发展前景。

5G智慧城市系统架构

另外，5G 网络的高速率、低时延、广覆盖的特性，与 AI 超高清视频监控、物联网感知终端密切结合，适应并推动着"智慧城市"的创新发展。

（三）世园会的亮点

再看看 2019 北京世界园艺博览会上的 5G 应用亮点展示：

亮点之一：园区物联网综合管理平台——世园会的"大脑"

平台包括空气监测、智慧消防、智能环卫、智慧照明、智慧电瓶车、智慧井盖六大物联网应用，实现对园区内人、物和环境的统一可视化管理及人性化服务。在这个平台上可以监控到园区内所有基础设施监控传感器的信息，同时在平台上可以对数据进行分析、决策。让"活"起来的世园会更加"聪明"，为人们带来万物互联的全新体验。

亮点之二：新媒体

通过 5G 技术实现新媒体传播的实时性和逼真效果，人们可通过 5G 网络实景观看 VR 直播，未来可应用于会议、演出等各类活动的实景直播，戴上 VR 眼镜就能够有身临其境的现场感受。

亮点之三：5G·AI 巡逻机器人

5G·AI 巡逻机器人将巡逻时捕捉的画面，通过 5G 网络回传到展馆的监控屏幕上。这也是 5G 新技术应用为世园会这类大型活动提供的一种新型安防监控解决方案。

5G·AI 巡逻机器人

亮点之四：5G + 8K 超高清放映厅

将超高清视频通过 5G 线路传输到 8K 大屏幕激光放映厅进行实况直播，让更多的观众能够身临其境地感受到自然、艺术、文化与科技融合的世园会美景，领略一场视觉与精神的盛宴。

亮点之五：无人机巡视

中国移动在世园会园区中，通过无人机提供 5G 空中实时高清直播，为园区提供空、地一体的安全防护能力。

亮点之六：云游戏

在 2019 年世园会上，中国移动展示了 5G 云游戏的应用场景，增强了操作者的体验感。

5G 云游戏

（四）华为的实践案例

在华为看来，5G 将驱动行业数字化，催生更多行业应用，提升行业效率。华为探索了许多活生生的"5G+"应用案例，以下列举 4 个方面：

案例一：5G+ 新媒体

探索以 5G+4K/8K 直播方式，实现随时随地的高清直播，实现更高效率、更低成本。以一个 5G CPE 直播背包，规划直播车辆，其效率体现在于即播即用、机位灵活及多路的 4K/8K。

案例二：5G+ 矿业

通过远程控制提升矿山安全与效率。华为与我国内蒙古白云鄂博包钢稀土矿区、河南洛阳栾川钼钨矿区、山西阳泉煤业及煤炭矿区等多个矿区合作，探索启动 5G 智慧矿山采矿模式，实现在办公室以 5G 远程操控、一人分时操作多辆矿车，将车速从传统采矿的 10 千米/小时，提升至 35 千米/小时。

案例三：5G+ 医疗

在医疗领域，通过实施"5G+ 医疗"，促进医疗资源均衡分布，实现及时救治。华为与福建医科大学探索开展 5G 远程外科手术动物实验；与浙医二院实施 5G 远程急救救护车、远程 B 超诊断；与上海东方医院开展手术环节 5G 远程直播教学等，充分体现 5G 在医疗领域的意义与作用。

案例四：5G+电力

华为与电力系统合作开展 5G+电力行业探索，让电网更安全、更高效、更智能。在电网保护方面，以时延低 15ms 的优势，对超过 1000 万个环网操作柜进行实时操作，实现实时识别配电网络隐患及故障排查，防止故障扩散；通过无人机巡检，将巡检效率由 4 千米/人工/天提升至 14.54 千米/无人机/天，巡检效率提升 3 倍多；在智能抄表环节，通过 5G 网络的高效传输，实现信息随时上报，提升抄表效率，实现智能用电。

（五）北京市提出 5G 五大应用场景

《北京市 5G 产业发展行动方案（2019 年—2022 年）》提出五大应用场景。

"五五"：五大场景的五大应用

围绕城市副中心、大兴新机场、世园会、国庆庆典、北京冬奥会等"五"个重大工程、重大活动场所需要，开展智能交通、大健康大医疗、工业互联网、智慧城市、超高清视频应用等"五"大类典型场景的示范应用

智能交通	健康医疗	工业互联网	智慧城市	超高清视频
一是支持自动驾驶技术与车联网技术协同研发；二是分阶段开展自动驾驶、自动编队行驶、远程驾驶测试，及客运、货运试运行	一是推动健康服务精准化、高效化、智能化、专业化发展；二是实现远程医疗覆盖，提供各类远程医疗服务	一是组织开发特定行业与场景的通信设备和应用软件；二是构建工业互联网平台体系；三是推动新一代信息技术与实体经济深度融合	一是加快 5G 与物联网泛在基础设施与平台建设；二是推进 5G 技术在智慧城市领域广泛应用；三是推动 5G+超高清摄像头部署	开展前端视频内容生产、传输端 5G 传输测试、终端核心芯片和显示器件联合实验，打通信号制作传输链条

5G 的本质是在通信领域内，但其特点决定了它必然会对通信本身及整个经济、社会发展带来重大变革。

打个比方，高铁还是铁路客运方式，但其在基础设施建设和运营管理方面完全有别于传统的铁路客运，因而给人们的出行带来重大变革，甚至完全改变了人们的生产和生活方式，千里之遥，一日往返，不再是梦想。

5G 将会给我们带来的诸多变化，归结到根本上，就是实现了从人与人之间的通信，走向人与物、物与物之间的通信，实现万物互联、百业智能。

中国工程院院士李培根在 2019 中国云计算和物联网大会上指出，在未来的智能工厂，需要大量数据的海量连接，很多的环节，尤其是要求精度很高的加工环节需要极低时延，需要 5G；未来庞大的物联网，比如物流追踪、虚拟工厂等，均可能出现 5G 应用场景。

第二章
传统物流迈向信息化

信息化是智慧化的基石,智慧化是"5G+"场景化的前提,也是未来发展的美好愿景。探讨"5G+物流",首先应从追溯物流行业信息化发展历程开始。

我国物流行业虽然比发达国家起步晚、底子薄,但后发优势明显,特别是在信息技术的创新应用方面发展迅猛,从20世纪90年代算起,近30年来,我国的物流行业信息化已取得丰硕的成果。

一、我国物流业发展历程

我国物流业的发展历史悠久。在远古时代,有舟、车等运输载具,"木牛流马"每日"特行者数十里,群行三十里",尽显匠心与智慧;有常平仓、广惠仓、驿站等仓储设施和运输节点,要素齐全、体系完备、管理规范;有京杭大运河、丝绸之路等著名的运输干线,贯通南北、连通海内外。但是,古代的物流环节单一,运营与管理缺乏系统性。

新中国成立后,国家高度重视并积极推进物流要素发展,各部门、区域建立了仓储、运输及储运等国有物流企业,承担着支撑国家经济社会发展物质保障的重要任务;从20世纪90年代开始,现代物流起步发展,并持续呈现出蓬勃生机。

回顾新中国成立,特别是改革开放以来我国物流业的发展历程,能够清晰地看到,我国的物流业从国有储运企业的一统天下，到引入国外物流概念、经营理念及技术，因地制宜、不断融合创新，形成了既保留鲜明的本土特色，又拥有世界先进技术和管理理念的现代物流产业。

（一）物流概念的引入

物流（Physical Distribution）一词最早出现于美国，1915年《市场流通中的若干问题》一书中就提出"物流"一词；第二次世界大战期间，美国军队建立了"后勤"（Logistics）理论，并将其用于战事之中，战后被广泛应用于企业生产和流通中。

20世纪80年代，我国引入物流这个全新的概念，大致有2条途径：

一是随着"市场营销"理论由欧美引入，相关书籍对"Physical Distribution"的直译是"实体分配"或"实物流通"，其中"实体分配"突出了商品实体从供给者向需要者的物理性移动，被普遍接受。欧美物流业体现出广地域、长距离、大规模的特点，较为契合我国的国情，受到宏观管理层面的高度重视，对我国物流业政策措施制定和产业发展方面产生了较大影响。

二是引自日本。日本关于"物流"的概念，是1956年直接从英文的 Physical Distribution 翻译而来，到了 20 世纪 70 年代，日本已发展成为世界上物流最发达的国家之一。我国根据日本对"Physical Distribution"的直译，将"物流"这个概念直接引进来。例如，1986 年中国物资出版社出版的《物流手册》，就是译自日通综合研究所编著的关于物流基础知识、系统和技术的书籍。日本对物流突出管理的精细化，也深刻影响了我国物流的管理与技术发展。

在国家标准《物流术语》GB/T 18354-2006 的物流基础术语中，对物流（logistics）的定义表述为："物品从供应地向接收地的实体流动过程。根据实际需要，将运输、储存、装卸、搬运、包装、流通加工、配送、回收、信息处理等基本功能实施有机结合。"

（二）我国物流业发展阶段

我国物流业的发展从计划体制下的完全国有化、政府指令性，逐步转变为政府主导、市场运作的模式；其经营方式也由功能单一或简单的功能组合，逐步转变为能够提供全链路、一体化、现代化的综合物流服务。

概括来说，我国物流业的发展历程，大致可以分为以下 4 个阶段：

第一阶段，"储"与"运"组合。 新中国成立后到改革开放前，在传统的计划经济体制下，国家对生产资料和重要的生活资料（消费品）实行计划生产、计划分配和计划供应。与这种"统购统销"的流通体制相适应，国家各相关部门自成体系，按中央统一下达的计划，对本系统的物品进行统一的储存和运输，从而形成了国有储运企业（含仓储、运输企业）一统物流天下的局面，尤其是仓储设施，基本上集中在商业、粮食、物资、代销和外贸5个流通系统。

这一时期的物流表现为"储运"，国有储运企业成为物流的主体力量。分散在各流通系统的储运企业，主要为本系统中的各级批发企业的经销、代销活动服务，其业务活动基本上体现为传统的储存、运输及简单的包装与流通加工。严格地说，这样的单一性活动还不是现代意义的"物流"。

第二阶段，创新发展社会化物流服务。 在改革开放以后，我国经济持续健康发展，迫切需要提升物流业服务水平与保障能力。商业、物资等行业主管部门。积极借鉴美国、德国、日本等发达国家的物流发展成功经验，纷纷出台相关政策措施，组织开展理论研究、学术交流与培训活动，引导传统储运企业进一步深化改革，推动传统储运业向现代物流业转变。

1992年5月，原商业部印发《关于商品物流（配送）中心发展建设的意见》，要求商业储运企业进一步深化改革，探索发展物流中心、配送中心，并对上海、广东等地的部分商业储运企业进行试点；原物资部也在同期组织物资代理与加工配送试点。

1995年8月，原国内贸易部印发《关于进一步推动商业、物资储运业改革与发展的意见》，提出储运业改革与发展的目标，是逐步建立与生产和流通协调发展的，以专业化、社会化、现代化、国际化为特征的储运体系。

在这一阶段，储运企业从行业自身特点与优势出发，调整经营方向，储运主业不断加强与发展，物流功能进一步完善，并逐步向现代物流（配送）中心发展。在仓储方面，坚持贯彻"四好"标准，保证商品储存的安全与质量，仓租水平大幅提升；在运输方面，充分利用商业系统中转运输网络，开展"一条龙"运输及综合配套服务，或是将汽车队与铁路及集装箱运输紧密结合，发挥综合运输效率，或是在全国主要交通要地设立配货点，发展全国或区域性的公路网络运输；在物流（配送）方面，广东、云南、北京、湖北、上海等地商业储运公司已经不同程度地开办了商品代理与配送业务，配送的品种不断增加，辐射面不断扩大，初步显示了储运企业开展社会化商品配送的优势与潜力。

第三阶段，现代物流业快速发展。新世纪开始，物流业受到国家各级政府的高度重视，国家加强对物流业的发展规划，物流政策环境得到明显改善，我国现代物流业步入快速发展轨道。

2000年，我国"十五"物流发展总目标正式确立；2001年，原国家经贸委等六部委印发《关于加快我国现代物流发展的若干意见》；2004年，国家发展和改革委员会等九部委出台《关于促进我国现代物流业发展的意见》。各地也纷纷出台相关规划和政策措施，规划建设物流园区、物流中心、配送中心，有效地促进了各种物流功能和要素的集成与整合。

在国家和地方政府的大力推动下，相关企业积极参与，转型或创新发展现代意义的物流业务，我国物流产业规模不断扩大，产业结构发生重大变化，民营物流企业与外资、中外合资物流企业快速发展并形成一定规模，涌现出一批现代化的物流中心、配送中心，区域性物流网络逐步形成。

这一阶段，我国物流行业呈现出可持续发展的态势。

第四阶段，物流业转型升级与高质量发展。2011年，国务院办公厅印发《关于促进物流业健康发展政策措施的意见》，提出切实减轻物流企业税收负担等具体措施；2012年，商务部发布《关于促进仓储业转型升级的指导意见》,引导仓储企业由传统仓储中心向多功能、一体化的综合物流服务商转变;2016年,国务院办公厅转发国家发展和改革委员会《物流业降本增效专项行动方案(2016—2018年)》。

2019年2月,国家发展和改革委员会等部门联合印发《关于推动物流高质量发展促进形成强大国内市场的意见》,出台构建高质量物流基础设施网络体系等措施,以巩固物流降本增效成果,增强物流企业活力,提升行业效率效益水平,畅通物流全链条运行。

在政策推动下,我国物流进入了创新驱动的注重质量发展的重要阶段,无论是在市场规模,还是在物流技术与管理方面均领跑世界物流产业(美国供应链调研与咨询公司 Armstrong & Associates 数据显示,中国早在2012年就坐上了全球物流业市场规模的第一把交椅),跨行业、多层次、多要素联动的产业创新模式初步呈现。

二、基于信息系统的物流业务创新

物流定义的表述突出了物流的实体性、流动性,并将"信息处理"作为一项基本功能,体现了"物流"与"信息流"有机结合的理念。

近年来,国家在加快物流行业信息化发展方面积极施策,相关政策措施对物流信息化起到了引领和推动作用。

(一)政策推进物流信息化

在我国物流业发展的4个阶段中,如果从信息化发展的角度看,处于第一阶段时,受到信息技术和相关产业发展的制约,无论是在物流运营管理上,还是在具体的作业环节中,基本上保持了"机械+人工"的模式;从第二阶段开始,现代信息技术及相关理念逐渐深入并应用于物流领域。例如,在国有商业储运改革与发展的方针和政策措施中,明确提出了"发展建设以商品代理和配送为主要特征,商流、物流、信息流有机结合的物流(配送)中心"。

物流信息化的启动和不断加快的发展步伐,与国家的相关政策措施发挥了重要作用是密不可分的。

从国家层面看,2009年,国务院印发《物流业调整和振兴计划》,提出了"以物流一体化和信息化为主线",提高物流信息化水平;推进企业物流管理信息化,加快行业物流公共信息平台建设;加强物流新技术的开发和应用,广泛应用条形码、智能标签、无线射频识别(RFID)等自动识别、标识技术以及电子数据交换(EDI)技术,发展可视化技术、货物跟踪技术和货物快速分拣技术,开发和利用全球定位系统(GNSS)、地理信息系统(GIS)、道路交通信息通信系统(VICS)、不停车自动交费系统(ETC)、智能交通系统(ITS)等运输领域新技术,鼓励企业采用仓储运输、装卸搬运、分拣包装、条码印刷等专用物流技术装备。

2011年,国务院办公厅印发《关于促进物流业健康发展政策措施的意见》,提出推进物流技术创新和应用,加强物流新技术的自主研发,重点支持货物跟踪定位、无线射频识别、物流信息平台、智能交通、物流管理软件、移动物流信息服务等关键技术攻关,适时启动物联网在物流领域的应用示范等。

从部门来看，2019年多部委联合印发的《关于推动物流高质量发展促进形成强大国内市场的意见》，提出建立资源共享的物流公共信息平台，提升制造业供应链智慧化水平，实施物流智能化改造行动，推进货、车（船、飞机）、场等物流要素数字化，支持物流园区和大型仓储设施等应用物联网技术，鼓励货运车辆加装智能设备，加快数字化终端设备的普及应用等。

《商务部关于促进仓储业转型升级的指导意见》中明确提出，要"推广应用条形码、智能标签、无线射频识别等自动识别、标识技术和货物快速分拣技术"；"支持仓储企业购置或自主开发仓储管理信息系统，有条件的仓储企业要积极应用物联网技术"。

（二）物流信息化取得的成果

近年来，在政府引导、政策推动、市场成长、客户成熟等多要素驱动下，我国物流信息化建设步伐不断加快，物流企业对信息化建设的投入不断加大，行业信息化水平持续提升。

目前多数物流企业均通过购买或自主研发 ERP (Enterprise Resource Planning)、DRP (Distribution

Resource Planning)、WMS(Warehouse Management System)、TMS（Transportation Management System）等物流管理系统，进行货物入库、上架、分拣、出库、配送等全流程跟踪管理，实现对供应商、零售商、三方物流系统化、集成化管理。

据不完全统计，2018年，近80%的仓储企业已实现机械化运作和信息化管理，"立体库+货架+叉车+WMS系统"已成为行业的技术标配，企业平均机械化作业率已超过70%。

河南宇鑫物流有限公司的ILIS系统是基于供应链全流程的信息平台。从客户订单受理-运输在途-仓库管理分拨-网点送货-系统自动清分结算，各个节点均有系统智能支持、有效监督管理。WMS、TMS、GPS、GIS等信息平台，可以实现订单管理、仓储管理、运输管理、同城配送所有的信息技术需求。智能化、功能完善的信息系统是保障城市配送高效、准确、集约运行的基础保障。

河北物恋云仓科技有限公司自主研发的WMS、WCS、TMS系统实现了物流的信息化管控。公司定位为第三方物流公司，为厂家、经销商提供标准化的、可拆分的物流服务。公司所有业务模块全部借助于互联网化工具实现线上信息流转，并使用大数据分析、物联网技术为客户提供精准化服务。发展具有供应链协同效应的公共平台，支持上下游客户的仓储、运输、销售等管理系统相对接，平台与平台之间相对接，实现单元化的信息数据正向可追踪、逆向可溯源、横向可对比，发挥供应链对加快周转、精准销售、品质控制、决策管理等作用。

城市物流信息管理与公共服务平台及企业的运营管理综合信息平台陆续建成并投入应用，取得了良好的效果。

北京、天津等城市相关部门协同推动建设城市共同配送管理平台，提供包括货运信息发布、车源信息管理、交易撮合、运输业务管理、智能调度、信用担保、融资支持等一体化综合服务；上海市多部门联合推进陆上货运交易中心56135平台建设，引导企业将富余资源和新增需求通过平台实现共享和对接，建立城市配送共同化、智能化、规模化、集约化的动态战略合作联盟，实现行业配送服务资源整合；成都市建立城市配送信息管理平台，充分发挥信息平台在城市配送运力调整、交通引导、供给调节和市场服务等方面的作用，使城市配送车辆通行更加有序顺畅，运营效率明显提高。

冷链物流企业纷纷建设冷链物流监控体系和公共信息

服务平台，应用智能仓储、物联网感知、温湿度监控技术和设备，实现对冷冻冷藏库、车、柜的温度、湿度的实时监控和相关数据的实时上传，实现冷链不断链、可监控。

山东阿帕网络技术有限公司运用新一代信息技术搭建城乡高效配送服务平台，部署物流运营管理、智能装车、路径优化、智能客服、供应链金融等功能模块，确保各级资源统一协调、调度。此外，本平台在山东临沂已经实现对接临沂市邮政业公共安全信息系统，实现与快递数据的共享。

美团以互联网平台为依托实施"互联网+仓储+配送"，利用信息技术和物流技术实现仓储业务优化，适应电商物流的高速发展，已累计完成 600 万订单零差错拣货。

百川系统累计排线百万余条，保证了两万个司机百万次准时配送，大幅提高了客户满意度；打通供应链上下游信息流，进行信息化投入及系统研发，推动大数据应用，通过运营数据测算，每月间接降低自身配送成本 20%，降低商户采购成本 10%。

（三）物流信息化的发展趋势

信息化是现代物流的核心内容，也是物流企业核心竞争能力的重要组成部分，更是物流业创新发展的根本趋势之一。未来物流行业信息化发展，将重点在以下 4 个方面取得突破：

一是移动网络将代替宽带互联网，成为物流信息系统和平台无限拓展的基础。尤其是 5G 或更优性能的移动网络的广泛应用，必将极大地提升网上信息传输的质量和效率，大大降低网上信息交互的成本。万物互联的场景下，物流不再是商务、政务及个人事务等领域的"短板"。

二是公共信息平台将打通分散的区域及企业物流管理与运营平台，成为物流数据交互的基础。公共物流信息平台 (Public Logistic Information Platform，PLIP) 的建立，能够实现物流各环节、参与各方信息的无缝衔接与充分共享，有利于全方位地提升物流服务能力，全面促进参与各方的合作共赢。

三是多场景联动将转变信息系统独立运行，成为物流运营管理资源共享化的基础。目前的物流运营管理系统和应用平台，都是针对某个区域/企业的特定应用需求，对物流管理或作业的某些环节进行管理和优化，从一定意义上讲这只是单个场景的应用。未来随着物联网、大数据，尤其是 5G 通信网络的应用，以及物流进一步融入供应链系统或网络化供应链体系，物流信息系统及平台必将进行多场景、广区域、跨业态的互通与联动，实现资源无限共享。

四是信息安全技术将优先于信息交互的便利性，成为物流业信息化稳固、可持续的基础。在享受网络飞速发展、信息高度共享、协同日益流畅带来的巨大好处的同时，人们也时刻面临着个人隐私、商业秘密遭受网络攻击和侵害的危险。网络安全和信息安全如果不能得到有效的保障，物流信息化进程势必遭受冷遇。应用安全防范技术，保障物流信息系统、网络平台和信息的安全、稳定地运行，将是物流信息化、智慧化发展的重要的课题。

三、基于信息化的物流创新模式范例

以行业信息化为基础,依托各类管理信息系统和综合信息服务平台,广大物流企业在物流业务运营和管理方面进行了大胆的探索与尝试,形成了一系列创新模式,特别是在仓配一体化和城乡配送领域,新模式、新经验仍在不断迭代。

(一)仓配一体化

随着人们生活水平的不断提升及连锁经营、电子商务等新型流通业态的快速发展,小批量、多批次的配送需求日益旺盛,传统的单点、单仓及进、销、存分割的仓储、配送作业已满足不了客户的需求,仓配一体化成为现代物流创新发展的基本方向。

简单地说,仓配一体化是仓和配的结合,在仓库存储功能的基础上,叠加车辆的配送服务,通过整合条码、EDI、射频、数据采集、GIS、GPS等新技术,实现仓储与配送的无缝结合,进而构建高效、便捷、经济、安全的仓配服务体系。

从具体作业层面看,仓配一体化模式是由一家企业,将收货、仓储、配送等功能集成,简化作业程序,缩短配送周期,提高物流效率,促进全业务流程的无缝对接,从而减少货物周转环节,降低物流费用,减少货损货差。

仓配一体化的典型模式,是统仓统配。烟台益商物流有限公司就是创造这一模式的先行者之一。

2016年笔者在四川成都参加某企业内部培训活动时,听了烟台益商物流有限公司董事长刘忠民关于公司统仓统配模式的介绍后,觉得很有新意,认识到这是仓储与配送行业转型的一个很有前景的方向,于是邀请他去行业大会上介绍经验。后来的发展情况表明,这一模式得到了行业的一致认同。

益商物流的统仓统配模式成型于2011年,其主要特点有3个:

一是去中间化。通过实施第三方物流商（益商物流）仓库内的统仓统配，省掉了经销商仓库和批发商仓库两个环节。如下图所示：

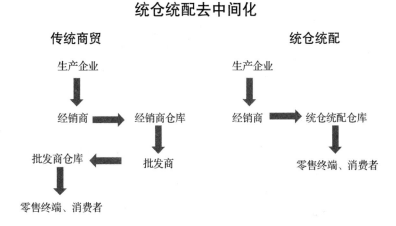

统仓统配去中间化

二是费用大大节省。在仓储、装卸、配送环节，由于实施统仓统配，减少了作业环节，简化了业务流程，费用大大节省。如下图所示。

仓储　省 5倍

改变传统平面库，采用立体货架，充分利用仓储面积
改变传统计费模式，多存多收、少存少收、不存不收

装卸　省 1倍

机械化装卸代替纯人工
高效省时省费用

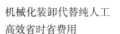

配送　省 1倍

自有车辆变众包车辆，省心
一车一商变一车多商，省钱

三是优化了服务。与经销商的财务结算省时省力；对接银行，利用库存商品质押，为经销商解决短期资金短缺问题；为经销商提供网络销售平台，拓展经销业务。如下图所示

出入库纯 PDA 操作，系统记录各时间节点

自动生成报表，数据精准

对接银行，提供担保

库存商品质押监管

解决短期资金问题

平台

搭建网络平台，为入驻经销商提供网络销售平台

经销商以流量入股，分享平台收益

关于统仓统配，刘忠民仔细地算了一笔账，正是这笔账，揭开了统仓统配模式的精彩，进而打动了业内取经者和合作客户。如下表所示：

益商统仓统配模式与传统模式在费用水平上的对比表

项目	传统模式	益商模式
仓储	租金：按库房面积	仓储费：按出入库数量
	120元/m²/年*400m²=4.8万元/年	0.2元/箱/30天*10万箱=2万元
	保险、耗材、电费、货损等：约5万元	已包含
	仓管、制单人员费用·4万元/人/年*2人=8万元	已包含
	17.8万元	2万元
装卸	全人工（卸车+入库+码垛）	机械化（卸车+叉车）
	20元/吨	10元/吨
配送	人工和车辆费用：约300元/天	社会化众包
	平均200箱/天	非自有车辆，风险转移
	约1.5元/箱	0.8元/箱

益商统仓统配模式利润核算表

以1万平方米仓库，1个月为例计算。1万平方米，5层货架，可实现1.2万个货位。

	仓储	小计
成本	租金：0.3元/m²/天*30天=9万元，人工：20人*4000=8万元，杂费（保耗电损等）5万元	22万元
收入	0.2元/10公斤/30天=20元/吨/30天，20*1.2万吨=24万元	24万元
	利润	2万元

(续)

	装卸		
成本	卸车 5+1=6 元 / 吨，装车 1 元 / 吨。合计 7 元 / 吨 *1.2 万吨 =8.4 万元		8.4 万元
收入	10+10=20 元 / 吨，20*1.2 万吨 =24 万元		24 万元
		利润	15.6 万元
	配送		
成本	0.7 元每件 /10 公斤，合计 70 元 / 吨，70*1.2 万吨 =84 万元		84 万元
收入	0.8 元每件 /10 公斤，合计 80 元 / 吨，80*1.2 万吨 =96 万元		96 万元
		利润	12 万元
		合计利润	29.6 万元
设备	货架 1.2 万个 *120 元 =144 万元，托盘 1.2 万 *50 元 / 个 =60 万元，叉车 8 台 *10 万 =80 万元，办公设备 20 万元	合计投资	304 万元

案例：蜂网供应链的统仓共配体系

蜂网供应链管理（上海）有限公司通过整合大量的合规合标仓库，改造升级闲置及老旧仓库和厂房，托管高空置率的物流园区以及在供需矛盾突出的区域新建园区等方式，搭建单城市 3PL 城乡统仓共配物流体系和全国 4PL 物流服务体系，建设经济、高效、协同、开放、共享的全国统仓共配服务网络。

在单个城市，蜂网通过寻找合作伙伴和自营的模式，构建由城市一级经销商、二级经销商、零售终端商、仓储服务商、城市配送物流商等多方参与，以中心仓（城市中心仓、县域中心仓）和前置仓（城区前置仓和县域前置仓）两级架构为核心的城乡统仓共配基础设施服务网络，服务城市末端零售终端，继而促进城市仓配等物流基础设施优化。如下图所示。

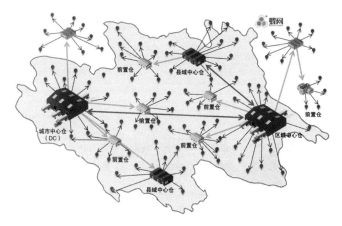

单个城市统仓共配网络布局示意图

在全国范围，蜂网搭建一个集品牌商（制造商）、渠道商（各级经销商、零售商、电商平台）、仓储物流商、干支线运输及城乡配送服务商、出资方、物流基础设施设备供应商等多方参与的全国 4PL 仓配物流服务网络。在 SaaS 化智慧供应链云系统的支撑下，以单城市为节点，以点串线，以线带面，形成一个横向覆盖全国各类型城市，纵向深入居民消费品领域重点企业供应链全链路的 4PL 仓配物流服务体系，协助品牌商低成本、高效地搭建全国仓配网络；协助单城市业务伙伴便捷、高效地拓展全国业务,继而推动仓储设施群、干支线运输及配送资源、货源在全国范围内的整合;促进物流领域供给侧结构性改革,切实实现资源集约节约,降本增效,助力城乡物流基础设施整合和升级。

(二)城乡配送模式创新

2012年以来,商务部以促进消费升级、产业转型和城市发展为目标,会同财政部在全国22个城市开展了城市共同配送试点,推动城市配送体系建设。在试点带动下,各地纷纷出台政策措施推动城市配送发展,城市配送网络不断完善,一批企业探索形成了一些行之有效的城市共同配送新模式,城市配送发展的突出问题逐步缓解。但是,配送车辆城区通行难、农村物流配送网络发展缓慢、城乡间物流运输中间环节多、车辆空载率较高等问题一直没有很好地解决,制约了城乡双向流通的发展。

基于上述考虑,商务部、公安部、交通运输部、国家邮政局、全国供销合作总社经深入调研并广泛听取专家学者、专业组织的意见和建议,决定联合开展"城乡高效配送专项行动",于2017年12月联合印发《城乡高效配送专项行动计划(2017—2020年)》,提出"到2020年,初步建立起高效集约、协同共享、融合开放、绿色环保的城乡高效配送体系。确定全国城乡高效配送示范城市 50 个左右、骨干企业 100 家左右"。

概括地说,"城乡高效配送专项行动",就是通过发挥商贸物流在支撑商品流通、保障居民消费等方面的重要作用,聚焦城市物流资源分散、农村物流成本高、仓储通行装卸等配套政策不完善等突出问题,通过部门协同推动、企业资源整合,促进城市物流集约高效,补齐农村物流网络短板,实现以城带乡、城乡互动的物流配送格局。

通过推动城市共同配送试点和实施城乡高效配送专项行动,各地大力推进公共信息服务平台建设,取得了突出成效,形成了一批可复制推广的经验。如,北京市、天津市、南京市、济南市、无锡市等地推动建设城市共同配送管理平台,提供包括货运信息发布、车源信息管理、交易撮合、运输业务管理、智能调度、信用担保、融资支持等一体化综合服务;上海市多部门联合推进陆上货运交易中心 56135 平台建设,引导企业将富余资源和新增需求通过平台实现共享和对接,建立城市配送共同化、智能化、规模化、集约化的动态战略合作联盟,实现行业配送服务资源整合;成都市、广州市建设城市配送信息管理平台,充分发挥信息平台在城市配送运力调整、交通引导、供给调节和市场服务等方面的作用,使城市配送车辆通行更加有序顺畅,运营效率明显提高；临沂市重点打造"快托网"综合物流信息平台，提供货物跟踪、查询、服务评价、结算等一站式服务；赣州市搭建了一个整合仓储、车源、货源、运价等资源的信息化服务平台"物流虔城"及展示大厅。

在实施城乡高效配送专项行动中，各地各相关企业依托信息系统及相关平台，围绕资源整合与效率提高，在原有的城市共同配送试点工作成效的基础上，围绕传统配送模式发展与突破，叠加新的要素，探索形成了一些行之有效的配送创新模式。

如，在巩固与发展长途干线运输的基础上，围绕干线运输货物落地后的短驳配送，创新发展了货运枢纽和物流园区的"落地配"模式。据了解，重庆交运双福农贸城、河北润丰物流园等规模大、实力强的物流园区，根据上下游客户需求，自主或联合专业第三方物流企业，为园区商户提供"落地配"服务，解决干线向末端"最后一公里"延伸难题。

如，在传统连锁经营"统一进货、统一配送"的业务基础上，充分发挥现代信息技术的优势，创新发展了内容更加丰富的连锁企业的统一配送模式。大型连锁企业充分发挥配送中心等设施与渠道优势，开展服务于连锁门店的专业化、网络化、全流程的统一配送模式。九州通医药集团物流有限公司建设了31个省级调拨中心，94个地县级物流中心，以乡镇配送站点、953家零售连锁药店为末端节点，实现供应链体系内7500余家上游企业、6.1万家医疗机构、14万家零售终端、1.1万家商业公司、10万个B2B用户、1050万个B2C用户的协同和配送全覆盖；北京朝批通过订单数据的系统对接，为京客隆、物美、7-11等连锁零售门店进行统一配送，对永辉、京客隆西单、7-11所有店面进行夜间配送。

如，针对电商、生产制造企业的全链条一体化配送。一些综合物流企业、电商平台，通过衔接生产、批发、分销、零售与物流等资源，优化中心仓、前置仓等仓储体系及统仓统配等业务模式，开展面向生产制造企业的原材料、生产线零部件、产品分销的集采统配，以及电商业务的线上线下共同配送。杭州物恋科技有限公司通过向上整合厂商及经销商，向下整合仓储、物流资源，强化商贸流通供应链体系，通过统仓统配、物恋便利店系统、物恋商贸整合、物恋金融、生态体系建设等模式的创新运营，大幅降低了仓储配送成本；太原智诚万家以单体社区店为主要服务对象，整合仓储资源4500m^2、配送车辆100辆，联合39个厂家/一级代理商，优选800多个品牌、2000多种单品，共享仓储，统一配送。

如，城乡间的往返共配。徐州飞马配送服务有限公司联合申通、韵达、百世、天天等企业，对沛县辖区内13家快递物流企业进行整合，叠加农资、医药、手机等货源，开展往返配送；徐州市睢宁县旭旺超市有限公司通过"万村千乡工程"留下的农村配送中心资源，搭建农特产品上行与食品、日化用品等老百姓日常所需商品下行"双向流通"物流平台；江苏省丰县将公交运行网络和物流配送网络有机结合起来，实行客货同网，利用城乡公交现有的387辆公交车、已开通的18条遍布全县的公交运营网络，利用公交车配送小散货件进城下村，对大件货物配送，开通城乡物流专线运输，确保将货物及时送到村民手中；烟台顺泰植保科技有限公司通过搭建顺泰物流园、镇级服务中心、村级服务站的三级配送体系，实现农药肥料等农用物资及农产品双向流通，创立发展"田田圈"农业服务品牌，拥有加盟店300余家，实现烟台、威海地区农村无缝覆盖。

综合来看，城乡配送模式的创新，技术应用与创新是基础，标准化、信息化、智慧化、绿色化是发展方向。叠加现代信息技术的城乡配送模式创新还有广阔的发展空间。

第三章
物流新阶段：智慧化创新

物流智慧化，就是以现代通信技术为基础，通过智能硬件、物联网、大数据等先进技术与资源整合方式，建立具有先进、互联和智能化特征的智慧化的管理与运营体系，全面提升物流系统分析、决策和智能执行的能力，进而提高整个物流系统的智能化、自动化水平。

物流智慧化以物流的全面信息化为基础，只有真正实现了信息化，并逐步将物联网先进技术及智能终端融合，才能达到智慧化的目标。

近年来，伴随着电子商务、新零售等新型商业模式的快速发展，以及物流运营与管理模式的不断变革与创新，物流业加快向智慧化发展，仓储、运输、配送、末端等物流环节的智能化路径越来越清晰。新技术的不断创新运用，为物流智慧化进程提供了支撑与保障，注入了新的活力与驱动力。

一、政策推进物流智慧化

我国各级政府及相关职能部门高度重视物流的信息化、智慧化发展，将物流智慧化作为物流业进一步深化供给侧结构性改革的重要方向与举措，陆续研究和出台了一系列鼓励物流业智能化发展的政策措施，为物流智慧化发展营造了十分有利的政策环境。

目前，我国物流业正处在智慧化发展的关键阶段，各级政府及相关部门及时应对，陆续出台了一系列扶持和推进物流智慧化的相关政策措施。特别是在 2015 年"互联网＋"发展战略的提出、大数据的日益广泛应用，政府及相关行业对互联网、数据及智能化等技术的发展更加重视，在信息化平台建设、物联网、无线射频识别等技术或设备的推广方面，频繁出台政策措施，推动了互联网应用的全面发展，相关数据开始真正发挥其"用武之地"，物流智能设备也开始流行起来，如仓储领域的自动装卸工具、传输分拣设备，末端配送领域的智能快件箱、智能信包箱等。

2015年，国务院印发的《关于推进国内贸易流通现代化建设法治化营商环境的意见》提出，要"大力发展第三方物流和智慧物流，鼓励物联网等技术在仓储系统中的应用，支持建设物流信息服务平台，促进车源、货源和物流服务等信息高效匹配，支持农产品冷链物流体系建设，提高物流社会化、标准化、信息化、专业化水平。"

2016年，国务院办公厅发布《"互联网+"高效物流实施意见》，明确智慧物流对我国国民经济发展的重要意义，鼓励推进"互联网+"高效物流与"大众创业，万众创新"紧密结合。同年印发的《关于深入实施"互联网+流通"行动计划的意见》，提出加大流通基础设施信息化改造力度，充分利用物联网等新技术，推动智慧物流配送体系建设，提高冷链设施的利用率；科学发展多层次物流公共信息服务平台，整合各类物流资源，提高物流效率，降低物流成本。

2017年，国务院发布《新一代人工智能发展规划》，再次强调以人工智能为代表的智慧物流将成为新一轮产业变革和经济发展的新动力；同年，国务院办公厅印发的《关于积极推进供应链创新与应用的指导意见》指出，"推动制造企业应用精益供应链等管理技术，完善从研发设计、生产制造到售后服务的全链条供应链体系。推动供应链上下游企业实现协同采购、协同制造、协同物流,促进大中小企业专业化分工协作,快速响应客户需求,缩短生产周期和新品上市时间,降低生产经营和交易成本""鼓励相关企业向供应链上游拓展协同研发、众包设计、解决方案等专业服务,向供应链下游延伸远程诊断、维护检修、仓储物流、技术培训、融资租赁、消费信贷等增值服务,推动制造供应链向产业服务供应链转型,提升制造产业价值链""鼓励批发、零售、物流企业整合供应链资源,构建采购、分销、仓储、配送供应链协同平台""鼓励流通企业与生产企业合作,建设供应链协同平台,准确及时传导需求信息,实现需求、库存和物流信息的实时共享,引导生产端优化配置生产资源,加速技术和产品创新,按需组织生产,合理安排库存"。

2017年,工业和信息化部印发《促进新一代人工智能产业发展三年行动计划(2018—2020年)》,推进贯彻落实《中国制造2025》和《新一代人工智能发展规划》,加快人工智能产业发展,推动人工智能和实体经济深度融合。"以市场需求为牵引,积极培育人工智能创新产品和服务,促进人工智能技术的产业化,推动智能产品在工业、医疗、交通、农业、金融、物流、教育、文化、旅游等领域的集成应用。"开发智能物流仓储设备,"提升高速分拣机、多层穿梭车、高密度存储穿梭板等物流装备的智能化水平,建设无人化智能仓储，同时创新人工智能产品和服务。"

国家发展和改革委员会、交通运输部、商务部、国家邮政局等具有物流管理职能的部门，纷纷制定印发关于物流信息化与智慧化的措施意见，鼓励依托互联网、物联网、大数据、云计算等先进信息技术，创新发展物流智慧化。

这些政策、措施、意见的出台及落地实施，为物流智慧化发展营造了积极的氛围，创造了充分的条件。

二、物流智慧化的主要技术及其应用

工信部《促进新一代人工智能产业发展三年行动计划（2018—2020年）》提出了"力争到2020年，一系列人工智能标志性产品取得重要突破，在若干重点领域形成国际竞争优势，人工智能和实体经济融合进一步深化，产业发展环境进一步优化"的行动目标，并明确了实施人工智能重点产品规模化发展、人工智能整体核心基础能力显著增强、智能制造深化发展、人工智能产业支撑体系基本建立等四项重点任务。

在"培育智能产品"中提出，"**发展智能控制产品**，加快突破关键技术，研发并应用一批具备复杂环境感知、智能人机交互、灵活精准控制、群体实时协同等特征的智能化设备，满足高可用、高可靠、安全等要求，提升设备处理复杂、突发、极端情况的能力。**培育智能理解产品**，加快模式识别、智能语义理解、智能分析决策等核心技术研发和产业化,支持设计一批智能化水平和可靠性较高的智能理解产品或模块,优化智能系统与服务的供给结构。推动智能硬件普及,深化人工智能技术在智能家居、健康管理、移动智能终端和车载产品等领域的应用,丰富终端产品的智能化功能,推动信息消费升级。"

智能产品包括:智能网联汽车(支撑高度自动驾驶)、智能服务机器人(智能家庭服务机器人、智能公共服务机器人实现批量生产及应用,医疗康复、助老助残、消防救灾等机器人实现样机生产)、智能无人机(实现自动智能强制避让航空管制区域)、医疗影像辅助诊断系统(支持脑、肺、眼、骨、心脑血管、乳腺等典型疾病领域的医学影像辅助诊断技术研发,加快医疗影像辅助诊断系统的产品化及临床辅助应用)、视频图像身份识别系统(支持生物特征识别、视频理解、跨媒体融合等技术创新,发展人证合一、视频监控、图像搜索、视频摘要等典型应用,拓展在安防、金融等重点领域的应用)、智能语音交互系统(在智能制造、智能家居等重点领域开展推广应用)、智能翻译系统(围绕多语言互译、同声传译等典型场景,利用机器学习技术提升准确度和实用性)、智能家居产品(提升家电、智能网络设备、水电气仪表等产品的智能水平、实用性和安全性,发展智能安防、智能家具、智能照明、智能洁具等产品)。

在"突破核心基础"中提出,"加快研发并应用高精度、低成本的智能传感器,突破面向云端训练、终端应用的神经网络芯片及配套工具,支持人工智能开发框架、算法库、工具集等的研发,支持开源开放平台建设,积极布局面向人工智能应用设计的智能软件,夯实人工智能产业发展的软硬件基础。"

相关产品包括:智能传感器(发展市场前景广阔的新型生物、气体、压力、流量、惯性、距离、图像、声学等智能传感器)、神经网络芯片(在智能终端、自动驾驶、智能安防、智能家居等重点领域实现神经网络芯片的规模化商用)、开源开放平台(面向终端执行的开源开发平台具备轻量化、模块化和可靠性等特征)。

物流智慧化,既需要信息化的网络和平台基础,更需要自动识别、数据挖掘、GIS、AI、物联网等相关技术的支撑。

(一)自动识别技术及其应用

自动识别技术是以计算机、光、机、电、通信等技术的发展为基础的一种高度自动化的数据采集技术,通过特定的识别装置,自动获取对象的相关信息,并提交后台的处理系统进行后续处理,帮助人们快速、准确地进行海量数据的自动采集和输入，已广泛应用于仓储、运输、配送等物流作业环节。目前，自动识别技术已经发展成为由条码识别、智能卡识别、光字符识别、射频识别、生物识别等相关技术集成的综合技术。

1. 条码识别技术

条码技术是电子与信息科学领域的高新技术，其研究重点是如何将需要进行计算机处理的信息用一组条形编码表示出来，并将条形码携带的信息转化为计算机可读信息，主要技术包括：编码规则及标准、符号技术、自动识读技术、印制技术、应用系统设计技术等。

目前，条码技术已经发展为成熟的实用性技术，具有采集信息量大、设备结构及操作简单、信息采集速度快、可靠性高、成本低等优点，广泛应用于仓储、运输、流通、图书管理、生产过程控制等领域，其中应用最广泛、最为人们熟悉的，是商品销售领域的 POS(Point Of Sale，销售终端)系统。

条形码（barcode）是由一组按特定规则排列的条、空及对应字符组成的表示一定信息的符号。不同的码制中，条码符号的组成规则也不相同。较常使用的码制有：EAN/UPC 条码、128 条码、ITF-14 条码、交插二五条码、三九条码、库德巴条码等。以条码技术为基础的条码识别技术，是目前使用最广泛的自动识别技术，是利用光电扫描设备识读条码符号，实现信息自动录入。

条码识别技术已广泛应用于物流领域，特别是在仓库管理系统的库存管理中，条码识别技术被用在入、出库及在库管理业务环节。采用条码识别技术作为数据输入手段，实现商品、产品及原材料的到货清点、入库赋码、在库扫码盘存、出库扫码确认等，有利于管理者随时了解储存物品的入、出库情况及当前仓库中、货架上的在库数量及品种，及时掌握库存的动态变化情况，能够及时、定量地分析各种物品库存、销售、生产情况等信息，从而及时制定计划、采取措施，以保持最优库存量，改善库存结构，加速资金周转。在进行每一项识别操作的同时，系统将自动对采集到的相关数据进行处理，为下一步的业务操作提供基础数据。

2. 射频识别技术

射频识别技术是近几年发展起来的自动识别技术，它是利用感应、无线电波或微波技术的读写器设备，对射频标签进行非接触式识读，达到对数据自动采集的目的。既可以识别高速运动的物体，也可以同时识读多个对象。

RFID（Radio Frequency Identification）又称无线射频

识别，通过无线电讯号识别特定目标并读写相关数据，而不需要将识别系统与识别对象之间进行机械或光学接触，是一种无线通信技术。将 RFID 技术应用到物流行业管理中，可有效地提高物流系统的运作效率，降低行业总体运营成本，提高赢利能力和竞争力。

RFID 是一项简单实用、易于操控的智能技术，非常适合用于物流领域，可以在各种恶劣环境下自由工作。一套完整的 RFID 系统，是由阅读器、应答器（电子标签）及应用软件系统组成，其基本工作原理并不复杂：当电子标签进入磁场后，接收阅读器发出的射频信号，凭借感应电流获得的能量，将存储在芯片中的产品信息(无源标签或被动标签)发送出去，或者由电子标签主动发送某一频率的信号(Active Tag，有源标签或主动标签)，阅读器读取信息并解码后，送至中央信息系统进行有关数据处理。

RFID 按照能源的供给方式分为无源 RFID、有源 RFID，以及半有源 RFID：

无源 RFID 产品发展较早、技术成熟、市场应用最广的产品。无源 RFID 读写距离近（属于近距离接触式识别类），其产品的主要工作频率有低频 125KHz、高频 13.56MHz、超高频 433MHz，超高频 915MHz，价格较低。这类产品在日常生活中随处可见,如,公交卡、食堂餐卡、银行卡、宾馆门禁卡、二代身份证等。

有源 RFID 产品是近几年才发展起来的。该类产品主要工作频率有超高频 433MHz,微波 2.45GHz 和 5.8GHz。有源 RFID 属于远距离自动识别类,可以提供更远距离的读写,但需要电池供电,成本更高一些。有源 RFID 产品远距离自动识别的特性,决定了其巨大的应用空间和市场潜质,适用于远距离读写的应用场合,如智能监狱、智能医院、智能停车场、智能交通、智慧城市及物联网应用等领域。

半有源 RFID 产品介于有源 RFID 和无源 RFID 之间,集有源 RFID 和无源 RFID 的优势于一体。半有源 RFID 技术也可称为低频激活触发技术,在低频 125KHz 频率的触发下,让微波 2.45G 发挥优势,利用低频近距离精确定位,微波远距离识别和上传数据,来解决单纯的有源 RFID 和无源 RFID 没有办法实现的功能,在门禁管理、人员精确定位、区域定位管理、周界管理、电子围栏及安防报警等应用领域优势明显。

RFID 技术在应用中主要具备以下优势:

一是读取方便快捷:数据读取采取非接触式识别方式,不需要光源支持,可以透过外包装读取信息,甚至能穿透雪、雾、冰、涂料、尘垢、纸张、木材和塑料等非金属或非透明的材质实现无屏障的信息读取，有效识别距离更大，采用自带电池的有源标签时，有效识别距离可达到 30 米以上。

二是读取速度快：RFID 识别器阅读速度极快，电子标签一进入磁场，解读器可以在不到 100 毫秒的时间内即时读取其中的信息，而且能够同时处理多个标签，实现批量识别。

三是数据的记忆容量大：芯片本身可以存储信息，数据存储容量大，可以根据用户的需要扩充到数兆，未来还有不断拓展的趋势，以适应物品所需携带的信息量日益增大的需要。

四是耐久性和可重复使用：RFID 标签对水、油和化学药品等物质具有很强的抗蚀性，且 RFID 卷标是将数据存在芯片中，可以免受污损；同时，利用编程器可以向标签写入数据，从而赋予 RFID 标签交互式便携数据文件的功能，而且可以重复新增、修改和删除卷标内储存的数据，方便信息的更新。

五是更高的安全性：由于 RFID 承载的是电子式信息，其数据内容可经由密码保护，使其内容不易被伪造及变造。

六是动态实时通信： 标签以每秒 50 至 100 次的频率与解读器进行通信，因此，只要 RFID 标签所附着的物品出现在解读器的有效识别范围内，就可以对其位置进行动态的追踪和监控。

RFID 技术广泛应用于对车辆和车载货物的实时追踪与监控。在运输管理中采用 RFID 技术，只需要在货物的外包装上安装电子标签，在运输检查站或中转站设置阅读器，就可以实现运输过程的可视化管理；同时，货主可以根据权限，访问在途可视化网页，了解货物的具体位置，增强对高质量物流服务的体验。

目前制约 RFID 发展的最大障碍是技术标准不兼容。目前缺乏全球共同遵守的权威统一的标准，协议过多过滥（全球现有 117 个针对数据交换的 RFID 协议标准），而且目前主要厂商提供的都是专用系统，导致不同行业的不同应用采用的是不同厂商的频率和协议标准，这种混乱和割据的状况限制了在实践中的广泛应用。

价格也是限制 RFID 发展规模的关键因素。RFID 标签国外已实现每个 5 美分，国内的最低价格是每个 0.7 元人民币。尽管如此，对大规模推广来说，RFID 标签和识读设备的价格仍显得过高。而价格与规模又是一对矛盾体。生产厂商希望通过扩大规模以降低成本，而更多的用户则在等待价格降低后再进入。要解决 RFID 的价格瓶颈，还必须解决标签和识读设备的本地化生产问题。

3. 生物识别技术

生物识别技术是利用人类自身生理或行为特征进行身份认定的一种技术。可用于识别的生物特征包括：手形、指纹、脸形、虹膜、视网膜、脉搏、耳廓等；行为特征包括：签字、声音等。由于人体的这些特征具有不可复制性，生物识别技术的安全性较传统意义上的身份验证机制有很大提高。目前已发展了虹膜识别技术、视网膜识别技术、面部识别技术、签名识别技术、声音识别技术、指纹识别技术等 6 种生物识别技术。

如，人脸识别 (Face Recognition) 是一种依据人的面部特征 (如统计或几何特征等)，自动进行身份识别的生物识别技术，利用摄像装置采集含有人脸的图像或视频流，自动在其中检测和跟踪人脸，并对检测到的人脸图像进行一系列的应用操作。技术上包括图像采集、特征定位、身份确认和查找等。

随着人脸识别技术的广泛应用，关于人脸信息的权属及安全性日益受到关注，引起越来越多的争议。例如，2019

年9月初,中国药科大学尝试在教室进行人脸识别,引发了对课堂隐私边界的争议;10月,上海一小区电梯引入人脸识别,引发公众对隐私泄露的担忧;浙江理工大学副教授郭某因不满杭州野生动物世界将"刷脸进门"与年卡绑定,触发了国内"人脸识别第一案"。

有关专家指出,人脸识别等人工智能技术本身并没有"好"或"坏"之分,但这种技术在使用的时候则必须遵循必要的规则,确保安全、便利和隐私三者之间的平衡。

人脸识别目前应用较多的是在智慧零售领域,在物流领域将广泛应用于企业的智慧办公及智慧物流园区的门禁及智能监控系统等。

(二)数据挖掘技术及其应用

数据仓库出现在20世纪80年代中期,是一个面向主题的、集成的、非易失的、时变的数据集合。数据仓库的目标是把来源不同的、结构相异的数据经加工后,在数据仓库中存储、提取和维护,提供全面、大量复杂数据的分析处理和高层次的决策支持。数据仓库的存在,为用户提供了任意提取数据的便利,而且在数据的提取过程中并不干扰业务数据库的正常运行。

数据挖掘是从大量的、不完全的、模糊的及随机的实际应用数据中，挖掘出隐含的、未知的、对决策有潜在价值的知识和规则的过程。其目的是通过对数据的统计、分析、综合、归纳和推理，揭示事件间的相互关系，预测未来的发展趋势，为决策者提供决策依据。

数据挖掘的常用方法，包括聚类检测法（使同一簇内任意两个对象之间具有较高的相似性及不同簇内两个对象具有较高的相异性）、决策树法（适合于处理非数值型数据的分类和预测方法）、人工神经网络法（模仿人脑神经元连接处理数据不定性和没有任何明显模式的情况）、遗传算法（模仿人工选择培育良种的思路优胜劣汰腔积累计算）、关联分析法（适用于从事物相互关系中挖掘知识）和基于记忆的推理算法（使用一个模型已知的实例来预测未知的事物）等。

数据挖掘技术在物流领域的应用，重点在以下几个方面：

一是市场预测与客户分析。 通过对物流活动中产生的大量数据进行有效挖掘，对商品及客户群体的需求、个性化特征进行分析，为不同的商品及客户对象建立相应的预测模型，确定有用的商品类型及客户群，并有针对性地提供服务策略。物流企业可以通过聚类分析方法,对客户需求及商品生产、销售、配送策略进行分析预测,提前制订库存和运输、配送计划,合理控制库存及安排运输与配送。通过数据挖掘,还可以对已流失的客户进行共性分析,并根据分析结果加强对具有相似特征的在服务客户进行有针对地服务修复。

二是物流 / 配送中心选址。物流 / 配送中心选址,需要根据运输、配送及相关固定成本等因素,考虑中心点的数量和分布问题,物流企业可以采取数据挖掘中的决策树方法,对中心建设进行科学规划。

三是仓储管理。物流企业可利用数据挖掘技术中的关联分析方法,优化客户仓储管理服务策略,合理安排商品的库存数量及存储方式,提高仓储作业效率,降低成本费用,为客户提供优化的、增值的仓储服务。

四是配送路径选择。配送路径的选择既关系到配送作业的效率,也关系着配送车辆的有效利用率,直接影响着物流企业的配送成本与服务质量。物流企业可采用遗传算法对配送路径进行优化,由局部到整体,提出配送路径及车辆调度的动态优化方案。

随着物流业的飞速发展和物流行业信息化的不断推进,与物流活动相关的数据量呈现剧增趋势,海量的数据对于物流业创新发展来说，无疑是一笔巨量的财富。而对这些数据的充分利用，需要引进数据挖掘技术。通过数据挖掘，可以从数据中发现创新发展的趋势和模式，进行市场预测和分析，从而为正确决策提供契合事实的依据。这些正确的决策，将有利于企业提高经营管理水平，进而提高利润、降低成本。

（三）GIS 技术及其应用

GIS（Geographic Information System，地理信息系统）是一种基于计算机的工具，可以对空间信息进行获取、存储、编辑、分析和数据显示，其核心是用计算机来处理和分析地理信息。简而言之，GIS 技术就是将地图的视觉化效果和地理分析功能，与一般的数据库操作（例如查询和统计分析等）进行集成的技术。GIS 技术广泛应用于军事领域及公共设施管理、交通、电信、城市建设、能源、电力、农业等民生领域。

GIS 也被称为"地理信息科学"（Geographic Information Science）或"地理信息服务"（Geographic Information Service）。

GIS 是物流智慧化的关键技术与工具之一，可以帮助物流企业实现基于电子地图的决策分析服务，包括将订单信息、网点信息、送货信息、车辆信息、客户信息等数据进行集中并以电子地图的形式呈现,实现形象化管理,达到快速智能分单、网点合理布局、送货路线合理规划、包裹监控与管理等智能化目标。

例如,运用 GIS 技术进行网点标注,将物流企业的网点及网点信息(如地址、电话、提送货等信息)在电子地图上标注,以便于使用者快速查询;运用 GIS 技术进行快速分单,通过地址匹配技术搜索,将位址快速定位到相应的区域及网点并确认责任人,完成"最后一公里"配送作业;运用 GIS 技术进行物流配送路线规划和车辆监控管理,合理规划路线和调度车辆,提高车辆利用率,保证货物快速到达,节省企业资源,提高用户满意度,并对从货物出库到到达客户手中的全程进行监控,保证货物及车辆安全;运用 GIS 技术进行数据统计与服务,将物流企业的数据信息在地图上可视化直观显示,通过科学的业务模型、GIS 专业算法和空间挖掘分析,深入分析其趋势和内在关系,为物流企业制定市场营销策略、分析预测发展趋势等提供依据和便利,使决策系统更加智能和精准。

(四)物联网技术及其应用

物联网(Internet of Things,IoT),即"物物相联"的互联网,是通过各类传感装置、RFID 技术、视频识别技术、红外感应、全球定位系统、激光扫描仪等信息传感设备，按约定的协议，根据需要实现物品互联互通的网络连接，进行信息交换，以实现智能化识别、定位、跟踪、监控和管理的智能网络系统。

许多国家已将物联网的发展上升为国家战略。美国已将物联网作为国家创新战略重点之一；欧盟制订了促进物联网发展的行动计划；日本的U-Japan计划将物联网作为四项重点战略领域之一；我国已将物联网列入战略性新兴产业，发布物联网发展规划，制定了相关政策措施。

物联网具有展示、传送、处理三大功能，其体系架构应具备3个基本层面：感知、网络和应用。感知层包括传感器或读卡器等数据采集设备、数据接入网关之前的传感器网络，采用RFID、传感与控制、短距离无线通信等技术，其任务是识别物体和采集系统中的相关信息，从而实现对"物"的认识与感知；网络层将各种接入设备与移动通信网及互联网相连，通过现有的互联网及通信网络实现信息的传输、初步处理、分类、聚合等；应用层是将物联网技术与专业技术相互融合，利用分析处理的感知数据，为用户提供丰富的特定服务，是物联网发展的目的。

物联网技术是实现物流智慧化的重要基础。物联网技术的应用，为传统物流技术与智能化系统运作管理的融合提供了系统平台，从根本上提高了对物品生产、配送、仓储、销售等环节的监控水平，改变了供应链流程和管理手段，对于物流成本的降低和物流效率的提高具有重要意义。伴随着物流行业的快速发展，物联网正得到越来越广泛的应用，市场空间巨大。

物流行业是物联网最重要的应用领域，也是物联网较早落地的行业之一。物联网在物流业中较成熟的应用主要包括以下4个方面：

一是物流作业的可视化管理。运用GPS卫星导航定位、RFID技术、传感技术等多种技术，搭建物流作业过程的智能化管理系统，实现物流活动过程的车辆定位、运输物品监控、在线调度与配送的可视化与智能化管理。目前，在冷链物流领域，基于物联网技术的智能化管理系统应用较多，主要是实现对冷链运输车辆的定位及冷链环节的冷冻冷藏食品的温、湿度实时监控等。

二是产品的智能化追溯。在医药、农产品、食品、烟草等行业领域，为保障产品的质量与安全，基于RFID等技术建立产品智能可追溯体系，对产品进行追踪、识别、查询、信息采集与管理。

三是全自动化的物流管理。基于物联网等先进技术，建立物流作业的智能控制、自动化操作的网络，实现对物流、商流、信息流、资金流的全面管理。目前，有些仓配企业已采用码垛机器人、无人搬运车等，进行物料搬运、自动化输送与分拣等作业。

四是企业智慧供应链搭建。基于物联网技术，将物流系统融入企业供应链体系，实现采购系统、生产系统、物流系统和采购系统的联动管理和信息流的无缝链接，使供应链的参与者可以按照预定的权限和流程，既分工协作，又相对独立，从而提升整个供应链的智慧化水平。

物联网技术在物流产业中的应用与推广仍然存在很多制约因素，如，行业标准不统一，相关技术与产品不能很好地匹配，行业系统和企业内部闭环应用不互通，应用与推广成本较高，影响了物联网技术在物流业中的规模化应用，需要逐步破解。

总之，作为智慧物流实现的基础，物联网技术必将迎来更大的发展，不断出现新的应用模式并呈现新的特点。例如：2017年1月，京东、斑马技术和神州数码联合宣布成立"物联网+电商物流联合实验室"，聚焦三大场景的改善：提升现有拣选和复核打包的生产效率、托盘和笼车资产可视化智能管理、寻找视觉和数据分析在物流中的应用。

（五）人工智能技术及其应用

人工智能 (Artificial Intelligence，AI) 是研究、开发用于模拟、延伸和扩展人的智能的理论、方法、技术及应用系统的一门新的技术科学，企图了解智能的实质，并生产出一种新的能以人类智能相似的方式做出反应的智能机器，该领域的研究包括机器人、语言识别、图像识别、自然语言处理和专家系统等。

AI 学科研究的主要内容包括：知识表示、自动推理和搜索方法、机器学习和知识获取、知识处理系统、自然语言理解、计算机视觉、智能机器人、自动程序设计等。目前能够用来研究人工智能的主要物质手段及能够实现人工智能技术的机器是计算机。

人工智能借鉴仿生学思想，用数学语言抽象描述知识，用以模仿生物体系和人类的智能机制。主要的方法有神经网络、进化计算和粒度计算三种。

神经网络：神经网络是在生物神经网络研究的基础上，模拟人类的形象直觉思维，根据生物神经元和神经网络的特点，通过简化、归纳、提炼总结出来的一类并行处理网络。

神经网络的主要功能有联想记忆、分类聚类和优化计算等。虽然神经网络具有结构复杂、可解释性差、训练时间长等缺点，但由于其对噪声数据的高承受能力和低错误率的优点，以及各种网络训练算法如网络剪枝算法和规则提取算法的不断提出与完善，使得神经网络在数据挖掘中的应用越来越为广大使用者所青睐。

进化计算：模拟生物进化理论发展起来的一种计算方法。因为它来源于自然界的生物进化，所以具有自然界生物所共有的极强的适应性特点，能够解决那些难以用传统方法来解决的复杂问题。这种计算方法采用了多点并行搜索的方式，通过选择、交叉和变异等进化操作，反复迭代，在个体的适应度值的指导下，使得每代进化的结果都优于上一代，如此逐代进化，直至产生全局最优解或全局近优解。其中最具代表性的就是遗传算法，它是基于自然界的生物遗传进化机理而演化出来的一种自适应优化算法。

粒度计算：早在 1990 年，我国著名学者张钹和张铃就进行了关于粒度问题的讨论，并指出"人类智能的一个公认的特点，就是人们能从极不相同的粒度 (Granularity) 上观察和分析同一问题。人们不仅能在不同粒度的世界上进行问题的求解，而且能够很快地从一个粒度世界跳到另一个粒度世界，往返自如，毫无困难。这种处理不同粒度世界的能力，正是人类问题求解的强有力的表现"。其后，美国著名学者扎德（Zadeh）讨论模糊信息粒度理论时，提出人类认知的三个主要概念，即粒度（包括将全体分解为部分）、组织（包括从部分集成全体）和因果（包括因果的关联），并进一步提出了粒度计算。他认为，粒度计算是一把大伞，覆盖了所有有关粒度的理论、方法论、技术和工具的研究。目前主要有模糊集理论、粗糙集理论和商空间理论三种。

近年来，人工智能技术在经济与社会的多个领域获得了广泛应用，在提高质量和效率、降低成本等方面发挥了重要作用。从优化作业环节、提高运营效率考虑，一些有较强实力的物流公司纷纷尝试利用人工智能技术对传统物流业务进行改进和优化。

如，物流数据服务公司 G7 的精细化智能管车系统，通过精细化的数据监控为用户带来更好的服务体验；阿里巴巴旗下的菜鸟网络，开发出配送机器人菜鸟小 G，助力解决最后一公里配送难题；京东推出无人机、无人仓等，改变了传统的配送方式，大大提高了物流效率。

目前，人工智能在物流行业的应用场景较多，如：AI 语音客服、无人卡车转运、无人化配送、机器人分拣等。

场景之一：AI 语音客服

在使用 AI 语音客服系统的场景中，当客户拨打客服电话下单时，首先由 AI 语音客服接听，如有必要再转人工客服。

AI 语音客服系统可以提供全天 24 小时不间断的服务，降低企业人力成本；同时，AI 语音客服系统可以收集语音信息，进行自主学习优化，不仅大大提高了客服效率，而且服务质量也得以大大的跃升。

场景之二：无人卡车转运

目前，无人卡车已应用于高速和港口的货物转运作业。

无人卡车融合了视觉高精度定位和多传感器融合技术，在山区、隧道都能达到 10 厘米级的定位精度。当无人卡车在高速行驶时，通过传感器（摄像头和激光雷达）对路况进行识别和判断，基于视觉的感知算法，能够在 80～200 米外发现障碍物。面对各种路况，如自适应巡航、换道、汇入、离开高速、躲避、慢速、临时停靠，以及突发状况，无人卡车能根据情况做出相应的判断。

在港口，无人卡车可以在封闭的作业环境里进行 24 小时的高难度作业。通过对接 TOS（码头管理系统），无人卡车获得相应运输指令后，能实现码头内任意两点间的水平移动、岸吊、轮胎吊、正面吊、堆高等功能。

场景之三：无人化配送

主要是通过机器人、无人车和无人机实施配送作业。

配送机器人通过激光感应系统的"雷达+传感器"，对环境和路况进行全方位监测；通过图像识别系统，识别红绿灯信号并作出相应的决策；即将到达目的地时，机器人通过后台系统将取货信息发送给用户，用户通过人脸识别、输入取货码、点击手机APP链接等方式取货。

京东配送机器人

无人机配送主要用于拓展山区和偏远乡村市场。为解决适应高频次的飞行、吊载不同形状、不同重量的物品等问题，顺丰无人机采用"飞控上用算法达到可靠稳定的飞行"来解决问题。基于这样的原理，顺丰设计了两款无人机：

H4 四旋翼无人机

魔鬼鱼

场景之四：智能机器人分拣

中外运-敦豪国际航空快件有限公司(DHL)获得专利的"小型高效自动分拣装置"，利用部分图像识别技术，在进行快件分拣的同时自动获取数据，并对接 DHL 的相应系统进行数据上传。

我国高度重视人工智能的发展，这为未来人工智能技术在物流领域的广泛应用，奠定了坚实的基础。

2017年7月，国务院印发的《新一代人工智能发展规划》提出，以加快人工智能与经济、社会、国防深度融合为主线，以提升新一代人工智能科技创新能力为主攻方向，发展智能经济，建设智能社会，维护国家安全，构筑知识群、技术群、产业群互动融合和人才、制度、文化相互支撑的生态系统，前瞻应对风险挑战，推动以人类可持续发展为中心的智能化，全面提升社会生产力、综合国力和国家竞争力，为加快建设创新型国家和世界科技强国、实现"两个一百年"奋斗目标和中华民族伟大复兴中国梦提供强大支撑。《规划》提出了分3步走的战略目标：

第一步，到2020年人工智能总体技术和应用与世界先进水平同步，人工智能产业成为新的重要经济增长点，人工智能技术应用成为改善民生的新途径，有力支撑进入创新型国家行列和实现全面建成小康社会的奋斗目标。新一代人工智能理论和技术取得重要进展；人工智能产业竞争力进入国际第一方阵；人工智能发展环境进一步优化，在重点领域全面展开创新应用，部分领域的人工智能伦理规范和政策法规初步建立。

第二步，到 2025 年人工智能基础理论实现重大突破，部分技术与应用达到世界领先水平，人工智能成为带动我国产业升级和经济转型的主要动力，智能社会建设取得积极进展。新一代人工智能理论与技术体系初步建立；人工智能产业进入全球价值链高端，新一代人工智能在智能制造、智能医疗、智慧城市、智能农业、国防建设等领域得到广泛应用；初步建立人工智能法律法规、伦理规范和政策体系，形成人工智能安全评估和管控能力。

第三步，到 2030 年人工智能理论、技术与应用总体达到世界领先水平，成为世界主要人工智能创新中心，智能经济、智能社会取得明显成效，为跻身创新型国家前列和经济强国奠定重要基础。形成较为成熟的新一代人工智能理论与技术体系；人工智能产业竞争力达到国际领先水平；形成一批全球领先的人工智能科技创新和人才培养基地，建成更加完善的人工智能法律法规、伦理规范和政策体系。

《规划》提出，加快推进产业智能化升级，发展智能物流，加强智能化装卸搬运、分拣包装、加工配送等智能物流装备研发和推广应用，建设深度感知智能仓储系统，提升仓储运营管理水平和效率，完善智能物流公共信息平台和指挥系统、产品质量认证及追溯系统、智能配货调度体系等。发展智能交通，研究建立营运车辆自动驾驶与车路协同的技术体系；研发复杂场景下的多维交通信息综合大数据应用平台，实现智能化交通疏导和综合运行协调指挥，建成覆盖地面、轨道、低空和海上的智能交通监控、管理和服务系统。

从实践领域看，上海、北京、深圳等城市的人工智能发展已走在全国乃至世界前列，特别是在推进产业智能化升级方面取得了较大进展。随着城市人工智能的深入发展，物流领域的人工智能技术应用必将不断拓展、取得新的成果。

（六）VR/AR 技术及其应用

随着物流业的创新发展，一些新技术被越来越多地应用到物流领域，VR（虚拟现实）和 AR（增强现实）技术的应用，为物流业带来了全新的体验模式与实践创新应用。其中，VR 以其虚拟的场景，为物流教学及其他活动营造了一个可视化的仿真环境，实现以"虚"代"实"；AR 则通过将虚拟的信息与现实世界的场景融合，为物流作业及相关设计提供全新的交互体验，实现"虚"与"实"的完美结合。

1.VR 技术及其应用

VR（Virtual Reality，虚拟现实）是近年来出现的高新技术，也称灵境技术或人工环境，是仿真技术与计算机图形学、人机接口、多媒体、传感等多种技术的集合。VR 利用计算机模拟产生实时动态的三维立体图像，提供关于视觉、听觉、触觉等感官的模拟，与使用者进行丰富、直观的交互，让使用者如同身临其境。

由于 VR 营造的是纯虚拟场景，其装备主要用于使用者与虚拟场景的交互，如位置跟踪器、数据手套、数据头盔等。VR 在游戏、影视、教学培训、规划展示、电商购物等行业应用广泛，尤其在游戏和影视领域的应用早已广为人知。

在物流专业的教学与培训中，通过 VR 技术的应用，能够进行虚拟仿真，模拟物流场地、流程、物品和突发事件，以任务的形式将仓储、配送、运输、电商、装备、驾驶等场景进行可视化展示，让学习者身临其境地参与其中，省却了去物流企业真实场景的麻烦。另外，通过 VR 的 3D 建模等方式，将类型各异的最新款机械载具、物流器材、物流装备进行全息展示，既减少相关培训器材的购置费用，又能根据技术改进随时更新换代，保证装备的前沿性。

另外，在物流设施的规划与展示领域，同样能够应用 VR 技术进行虚拟仿真，既便于对模型不断地修改、完善，又能够使参与设计者可以体验到建成后的逼真的效果，达到降低成本、提高效率、增强体验感的综合目标。

2.AR 技术及其应用

AR（Augmented Reality，增强现实），是借助计算机图形技术和可视化技术，构造现实环境中并不存在的虚拟对象，并通过传感技术将这一虚拟对象准确地"放置"在真实的环境中，借助显示设备将虚拟对象与真实环境融为一体，呈现给使用者一个感官效果真实的新环境。AR 作为新型的人机接口和仿真工具，为人类的智能扩展提供了强有力的工具，显示出巨大的应用潜力，受到日益广泛的关注。

AR 技术的核心价值在于实现更自然的人机交互，在教学培训、广告、医疗、维修、物流等行业都具有极高的应用价值。比如在维修作业中，通过 VR 眼镜，维修人员可以根据系统显示的作业画面的导引，逐步完成维修作业。

随着技术的不断发展，AR 技术在人工智能、CAD、图形仿真、虚拟通讯、遥感、娱乐、模拟训练等许多领域带来了革命性的变化。AR 在物流业的应用更是潜力无限，能解决物流活动中的诸多痛点。

例如，在仓储环节，通过 AR 导引路线，作业人员能够迅速完成货位查找、拣选、包装等作业。

第三章
物流新阶段：智慧化创新

仓储作业中的 AR 技术应用

作业人员通过佩戴 AR 眼镜（一般具有摄像头、全息投影屏幕、定位仪、陀螺仪、距离传感器、语音交互、手势交互等功能），能够方便地进行扫描，通过 AR 眼镜的全息投影技术，将屏幕显示与实物场景完全融合，并在实物上直接标记作业内容（从哪个货位取货、取什么货、取多少），配合语音提醒直观引导作业人员操作。

AR 也有助提升配送作业效率。据 DHL 调查，司机每天平均有 4 至 6 成的时间都浪费在从卡车里找出正确的货物；若导入 AR，加上无线射频识别系统(RFID)的智慧标签，将有助于识别、定位和准确查找货物。

总之，VR/AR 的日益广泛应用，将极大地改善物流作业环境与程序，对于仓储运营与运输作业的优化及最后 1 公里配送的交付来说，都有着深远的影响和广阔的前景。

三、物流智慧化的重点环节

在物流产业的链条中,智慧化的重点体现在仓储、运输和配送3个环节。

(一)仓储环节

仓储作为物流中的两大核心环节之一(另一个是运输/配送),其运作的效率对于智慧物流整体运作效率的提升起着至关重要的作用。

传统的仓储作业是部分借助机械工具的劳动力密集型模式,需要大量人力,且效率低、成本高、易出错。相对而言,智慧物流中的仓储作业实现了颠覆性的变化,通过应用大量实时感知、信息处理及人工智能技术,实现了仓储作业全流程的智能化,大大提高了运作效率,改善了人们对仓储作业的体验。

据了解，国内外一些知名电商企业早已实现了仓储环节的智能化。如，亚马逊投入 KIVA 机器人实现了仓储作业无人化；京东的"北京亚洲一号"借助 Shuttle 智能系统，创造了"3 人单日拣货 24000 件"的纪录，运营效率是传统仓库的 5 倍；南京苏宁云仓物流中心的智能仓库控制系统实现了日处理包裹最高可达 181 万件，拣选效率每人每小时 1200 件，仓储员工数从 3000 人削减到 500 人，大大节约了人力成本。

在仓储环节，对智慧化的相关技术和系统的应用需求较多，其目的在于节省人工、简化流程、提高效率、增强准确度和灵活性等。目前应用的主要方向是建立智慧化的仓储管理系统，包括自动分拣系统、自动识别系统、自动存储和搬运系统等。其中，物流机器人与自动化分拣、货物识别等技术已相对成熟，应用日趋广泛。

机器人拣选密集存储系统

货到人拣选设备

分拣机器人

比如,将 RFID 技术用于智能仓储管理。对于大型仓储基地来说,通过 RFID 技术,管理中心可以实时了解入库出库情况、货物存储位置、货物存储状态等情况,对于提高仓库利用效率和仓储管理水平十分有效。RFID 技术的应用形式多种多样,既可以将标签贴在货物上,由叉车上的读写器和仓库相应位置上的读写器读写；也可以将条码与电子标签配合使用。

又如，仓储环节采用人工智能技术，能够根据现实环境的种种约束条件，如顾客、供应商和生产商的地理位置、运输经济性、劳动力可获得性、建筑成本、税收制度等，进行充分优化与学习，为企业仓库选址提供接近最优解决方案的模式；利用无人搬运技术（智能化搬运车），使仓储作业更加智能化。

（二）运输环节

在运输环节，智慧化的应用主要是对车辆和驾驶方式的改进，以及对车辆和车载货物的实时追踪与监控。

对车辆和驾驶方式的改进主要体现在无人驾驶和新能源汽车应用两个方面。其中，无人驾驶主要从司机、燃油、设备损耗、维修保养、保险费5个层面降低运输成本；新能源汽车的广泛应用，则加快了物流绿色化进程。

在无人车的应用场景中，车联网是重要的网络基础。

车联网是车与物相联的网络（Vehicle to Everything，V2X），是实现自动驾驶的重要技术手段之一。在车联网场景中，利用车载电子传感装置，通过移动通信技术、汽车导航系统、智能终端设备与信息网络平台，使车与路、车与车、车与人、车与云端之间实时联网，实现信息互联互通，从而对车、人、物、路等进行有效的智能监控、调度、管理的网络系统，是未来智能汽车、自动驾驶、智能交通运输系统的基础和关键技术。

车联网主要包括4个应用场景：车与云端的互联（Vehicle to Network，V2N）、车与车互联（Vehicle to Vehicle，V2V）、车与路互联（Vehicle to Infrastructure，V2I）及车与人互联（Vehicle to Pedestrian，V2P），通过人、车、路、云的有效协同，实现交通智慧化。

V2N：车云协同。主要功能是实现车辆通过移动网络连接到云端的服务器，利用云服务器提供路口信息播报、导航、娱乐和防盗等应用。

V2V：车车协同。用于车辆之间的双向数据传输，可实时采集周边车辆的速度、位置、方向，以及前向碰撞预警、盲区预警、紧急制动预警、变道辅助等保障车辆安全及提升车辆效率类应用，也可实现车车之间的图片、短信、音视频等信息的共享。

V2I：车路协同。车辆与道路及交通信号灯等其他交通基础设施进行通信，车辆可获取实时的道路安全、闯红灯、限速、前方拥堵预警等信息服务，车辆的运行监控、电子收费管理等交通效率类应用。

V2P：人车协同。行人利用便携式电脑、智能手机等移动电子设备，与车载电子设备之间进行的通信，重要应用场景是车辆向道路上行人或非机动车发送防碰撞预警等行人安全类应用。

（三）配送环节

在配送环节，智慧化的应用较为广泛，包括配送路径的设计与选择、车与货的匹配、车辆的实时追踪与监控、温湿度监控、智能终端配置与使用等。对配送路径的规划、智能机器人的投递分拣、智能快递柜的广泛使用，都大大提高了配送效率，降低了对人力的依赖。

中通无人配送车

2019年5月16日,京东物流与厦门公交集团、中国信科集团联合打造了全国首例城市级5G智能物流场景化应用。在5G网络环境下,厦门公交BRT车辆首先将货物运送到公交枢纽站的智能配送站或者Mini配送站,再由京东物流X事业部研发的配送机器人将货物从智能配送站取出,自动送至目的地,完成配送任务。在该场景测试中,京东智能配送机器人的整个配送过程,都由设置在交通枢纽的高清视频设备进行实时监控,通过5G网络实现高精度地图导航,并将采集的高清视频实时回传到后台系统。后台通过对视频信息进行数据分析,进而实现对车辆的调度等应用,实现系统管理平台的车路协同功能。未来三方将进一步整合各自优势,充分利用公交场站、BRT道路等公共资源及5G网络资源,打造客货融合、站城一体、三网合一(客运网、货运网、信息网)的智能化物流体系。

另外,为了化解末端配送难题,快递企业在客户相对集中的区域设置了智能快递柜,运用云计算、物联网等技术,实现快件的存、取和远程的后台数据处理,并通过摄像装置实时监控货物收发等情况。智能投递系统将大大减少包装物的使用,更加绿色环保。目前智能快递柜主要覆盖区域为一二线城市。

2019年6月20日,交通运输部公布《智能快件箱寄递服务管理办法》,提出,"智能快件箱,是指提供快件收寄、投递服务的智能末端服务设施,不包括自助存取非寄递物品的设施、设备""支持将智能快件箱纳入公共服务设施相关规划和便民服务、民生工程等项目,在住宅小区、高等院校、商业中心、交通枢纽等区域布局智能快件箱",并对智能快件箱的设置、运营等提出了明确要求。《办法》的出台,有利于更规范地设置和使用智能快递柜。

丰巢室外型智能柜

四、应用范例

(一)国商物流"仓与运"智慧化管理

据北京国商物流有限公司执行董事、总经理荀卫介绍,近年来,智慧物流成为物流行业快速发展的主要助力。智慧物流能大大降低制造业、物流业等各行业的成本,实打实地提高企业的利润,生产商、批发商、零售商三方通过智慧物流相互协作,信息共享,物流企业便能更节省成本。

国商物流作为中国物流行业仓储运营管理专家级的供应商,建立了先进的仓储运营管理专家系统和标准化运营管理流程,具备迅速组建运营团队的能力,目前运营了超过40万平方米的自动化、半自动化仓库,是"仓储高效运营"的业界标杆。

在国商看来,智慧仓储是集光、机、电、信息技术为一体的复杂系统工程，通过自动化设备，实现物料传输、识别、分拣、堆码、仓储、检索和发售等各环节的全程自动化作业。这一场景的实现，完全依赖于建设了一整套的自动化仓储系统（由货架和堆垛机等构成）、自动输送系统（包括输送机系统和自动导引输送车系统）、自动化作业系统（由机器人作业系统和自动分拣系统构成）及先进的计算机系统（仓储管理系统与自动识别系统）和电控系统。

基于上述认知和建设，国商建立起完善的运营网络和设施设备体系。首先，国商在全国拥有四大区域网络。包括以北京为中心的华北区域物流网络、以上海为中心的华东网络、以武汉为中心的华中网络、以厦门为中心的华南网络，为提供全程供应链快速反应服务奠定了坚实的基础；其次，国商物流以企业金融、车联网等有效方式管控、整合运营车辆达7200台，覆盖全国110条主要干线、支线，覆盖全国1500余个城市。车型涵盖微型配送车、中小型货车、大型卡车等，可满足不同类型的运输、配送要求。

（二）蜂网供应链一体化解决方案

蜂网供应链管理（上海）有限公司致力于解决传统分销模式的诸多行业痛点，为品牌商、渠道商（各级分销商）、零售商、物流商等传统流通领域各参与方提供基于B2B2b2C的商流一体化解决方案、基于统仓共配的仓配一体化解决方案、基于商流和物流闭环的供应链金融解决方案、基于供应链全链路无缝衔接的SaaS化智慧供应链云系统，助力传统制造企业、实体流通企业和物流企业成功转型。

1. 基于统仓共配的仓配一体化解决方案

基于S2B2b2C服务模式，通过搭建单城市3PL城乡统仓共配网络和全国4PL物流服务网络，构建服务城市居民生活的物流服务保障体系和服务"品牌商-渠道商-零售终端-消费者"产业供应链全链路的全国4PL物流服务保障体系。

通过自营、系统输出、业务加盟、委托管理等多种组合方式，用统一仓储、共同配送的仓配服务模式，吸引多品牌、多货主、全渠道的合作伙伴入驻，搭配B2B2b电商平台、供应链金融、车销与访销App等多种服务工具，协助业务伙伴开拓市场，拓展收入增长点，降低物流成本，增强客户黏性，提高资金利用率。

单个城市传统分销模式与统仓共配模式仓配服务场景相比，后者通过整合经销商库存，实现共同配送模式，大幅度减少了运输和装卸搬运频次如下图所示。

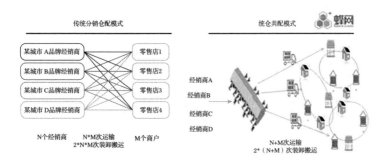

单个城市仓储模式对比

品牌商传统分销模式与统仓共配模式的仓配服务场景相比，后者通过建立 RDC、县市 DC 仓及前置仓体系，实现仓配服务场景的全面优化。如下图所示。

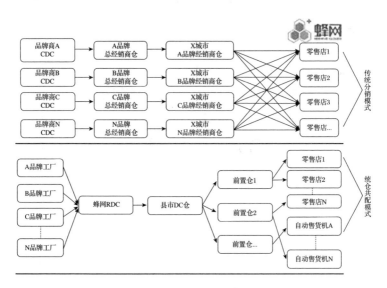

品牌商仓储模式对比

2. 基于B2B2b2C的商流一体化解决方案

蜂网网上商城是蜂网自主研发的基于B2B2b2C模式的一体化系统，包括B2b区域订货平台（即"蜂拥"）、B2b自有订货平台（即"蜂集"）、b2C微店（即"蜂邻"）三个子系统，使用PC端和App端承载。该商城通过SaaS架构搭建，能够与各种数据交易平台进行无缝对接，为品牌商、进口商、经销商与零售终端提供海量丰富的商品、品牌促销、商品购买、下单支付、物流等一条龙服务，满足批发、零售等个性化、多样化的服务需求，助力线上线下业务互联互通，实现商品流通全链路数字化、可视化、智能化。

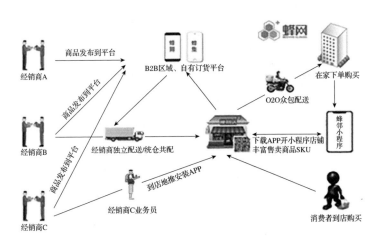

蜂网B2B2b2C业务场景

3. 基于商流和物流闭环的供应链金融解决方案

基于订单流、物流、信息流一体化的智慧供应链云平台,为供应链全链路参与方提供基于商流和物流闭环的供应链金融、融资租赁、物流金融解决方案,建立快捷高效的绿色信用融资通道,切实解决中小商贸流通企业和物流企业融资难的问题,助力金融资本更好地服务实体经济。

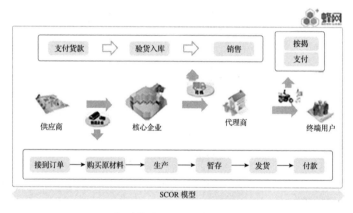

蜂网供应链金融流程监控

4. 全链路无缝链接的智慧供应链系统解决方案

2018年1月,集200余位系统规划设计、研发人员历时10个月40多万个工时精诚打造的天蜂系统V1.0宣布上线,历经1个月自营仓内测后于2月份正式商用。该版本是多流合一、无缝对接的集成系统,系统为经销商、零售商提供 B2B2b 的供应链管理系统（SCM），为物流商提供一体化的仓储和配送管理系统（WMS+TMS），并无缝对接网上商城、访销及车销、业务与运营支撑系统（BOSS）、支付等系统，真正做到商品流、订单流、物流、信息流、资金流、客户流全流程打通。

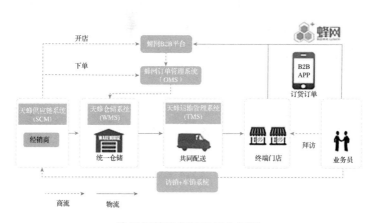

蜂网智慧供应链云平台场景

（三）普洛斯"海纳智慧仓 1 号"项目

2019 年 7 月，普洛斯资产服务运营平台正式发布仓储智慧化解决方案——海纳智慧仓，并成功落地"海纳智慧仓 1 号"项目。

"海纳智慧仓 1 号"位于成都普洛斯双流物流园，该项目自动化设备面积 3500m^2，分三层存储，一层为托盘存储，二层、三层为料箱存储,可存放 800 个托盘和 65000 个料箱。

海纳智慧仓 1 号

将这些设备与托盘、料箱串联起来的,是一套智慧化的拣选蜘蛛技术和"货到人"解决方案。拣选蜘蛛(Picking Spider)系统实现存储密度 6 倍提升;AI 仓储大脑调度实现单人拣货 600 件 / 小时;"货到人"模式提升人效 3 倍,并且机器人可以根据订单量的变化柔性增减,轻松应对订单高峰。

海纳智慧仓 1 号针对鞋服美妆百货等品牌商的需求,提供定制化智慧仓储解决方案,通过机器人和 AIoT 技术,实现存储方式从平面到立体的转变,帮助客户轻松应对小轻件的 2B 和 2C 业务。

在赋能企业仓储智慧化升级方面，海纳智慧仓已经构建起一套成熟的实践模式，针对客户需求的定制化解决方案、基于智能软件系统和高科技硬件设备的智能化作业，完美地解决了众多品牌商物流服务升级和仓储成本降低的双重难题。

智慧仓典型业务场景

（四）智慧粮库

近年来，我国不断加快粮食行业信息化建设，积极推进粮食物流智慧化发展，目前已基本完成粮食信息化顶层设计，粮食物流基础设施建设取得积极进展，打造了一批具有先进设备和技术的"智慧粮库"，不仅方便了农民卖粮，保证了粮食质量和储存安全，提高了粮食流通效率，也为国家精准实施粮食宏观调控提供了有力支撑。

智慧粮库

"智慧粮库"立足于粮食行业物流设施的发展现状,科学有效地运用了大数据、云计算、物联网等先进技术,构建了粮库作业全流程的智能化,形成了从售粮车辆进入粮库后,粮食品质检验、粮食称重、粮食入仓、售粮车辆出库、售粮款结算及在库粮食储存的全链路信息化、智慧化。

1. 扦样与质检环节信息化:结果真实客观

售粮车辆进入库区,对车辆进行登记,相关信息录入系统,形成售粮卡信息,售粮人持卡接受品质检验;检验员通过刷卡扦样,系统生成二维码,化验员扫描二维码后对样品进行检化验,并将结果录入系统。样品在扦样、分样和质检环节均不显示售粮者的任何信息，结合质检全过程的摄像可查，保证了质检结果的真实客观。

2. 入、出库环节信息化：效率大幅提升

智能化磅房

"智慧粮库"配置了自动称量的地磅、多角度监控摄像、先进的作业系统的磅房，以系统平台信息的充分共享为纽带，实现了磅房称重环节关联车辆登记、质检、计量、粮食装卸、结算等粮食入库、出库的全部业务环节。以此为基础进行流程的优化再造，系统可自动提示作业流程，达到线上严监控、线下可查询、一键即付款的效果，粮食入、出库作业效率显著提升。据统计，某粮库智慧化升级后，粮食日入库量由2013年的2200吨提升到2019年的5800吨。

3. 在库存储环节信息化：保粮绿色安全

粮食入仓后，通过将储粮科技与信息化技术紧密结合，落实"以防为主、综合防治"方针，实现存储粮食仓库的全智能通风与气调、准低温储粮、绿色化防护；通过遍布库区的仓内 24 小时安保监控和温度、湿度传感器，全覆盖的无线网络，以及无人机巡航，将库区周界警卫、储粮状况、作业安全等完全纳入智能化信息平台，实现全流程，现场与远程有机结合的全方位、立体化监控，达到了绿色保粮、品质保粮、安全保粮的效果。

仓内粮情监控

仓内传感器

4. 出库结算环节信息化：作业准确快捷

"智慧粮库"以便携式一体机设备为硬件载体，以专项定制的快速收储信息化系统为软件平台，构建收储一体单元化，共享系统数据，优化结算程序，实现中小型库点入库和出库作业的准确、快捷。

第四章
5G 融合——物流智慧化新愿景

2019年,工业和信息化部发放5G商用牌照,标志着我国正式进入5G商用元年,我们即将迎来一个高度协同、万物互联的新时代。社会生产和生活的各个领域正在积极准备、探索5G的商用实践。

众所周知,5G以其高带宽、广连接、低时延等特点,被称为通向产业互联网的"高速公路"。就物流产业来说,物流领域实现5G应用近在眼前,且前景广阔。虽然业内有普遍的认知,但是对具体的落地模式及可能带来的变革,还是认识不够,或者说还是心存疑惑,毕竟还没有完全成型的应用模式摆在眼前。

因此,实现5G对物流业的融合,从运营效率、服务质量、运作成本、用户体验等多个方面全面优化提升物流智慧化水平,推进物流业智慧化变革,我们还有许多工作要做。

一、物流智慧化需要 5G

在目前的物流智慧化方面，考虑更多的是技术的创新与应用场景的完善，而对其背后的通信技术的支持并没有过多地关注，主要是因为在大多数人看来，目前的 4G 网络已能够支撑足够多的智慧化技术的应用。那么，为什么还需要 5G 呢？

（一）为什么需要 5G

从走访了解的情况看，目前大多数企业，包括智慧化水平较高的企业，在智慧化网络部署方面仍存在一些缺陷。如：

特定区域的智能设备，源自不同的生产厂商，在操控平台上相互间还没有实现无缝化关联，基本上还是通过自组网的方式进行智能化控制，并且出于成本上的考虑，多数还是采用"2.4G+蓝牙"的组合等方式实现。

大多数应用场景的设备智能化联动,并没有与互联网直接进行连接,而是采取自建独立网关、自组内部的以无线或光纤传输的"物联网"控制方式,严格意义上讲,还算不上真正的物联网平台化应用,只能算是"区域性"的应用。

应用场景与外界的互联,还是以 4G 光纤为主,且带宽较小、传输速度较低,通信网络的不畅,必然影响到应用端的顺畅性,甚至延伸到应用场景内部的无线网络应用效果也因此受到影响。

基于"前 5G 时代"的通信技术与网络环境,对应用场景内"物"的信息采集与传输,大多仍处于"被动"状态,有些场景的信息获取还需要人工参与,降低了效率,拉低了"智慧化"水平。

场景内的蓝牙传输、自组有线或无线网络、内网与外网通过光纤或无线连接,基本上是企业的"标配"。对于一般的智能化办公或应用业务不复杂的企业来说,就目前的应用技术来看,这样不同类型网络的组合也完全可以满足需要。

但是,对于应用环境和业务流程都非常复杂的物流业来说,这种"混网"的模式在一定程度上造成了目前物流智慧应用的作业和场景的碎片化,亟须一种更加完美、流畅,更加完整、高效的网络架构,来支撑分散在各个场景、各个环节的智能设备与技术的一体化的智慧化运作。

在 5G 网络条件下,这样的网络架构不再只是构想,而将实实在在地部署在需要的场景中。在 5G 的场景下,"物"不再是被动的信息处理对象,而是主动与系统平台实现实时互动的"活"的"末梢"(终端)。

(二)5G 带来的变化

物流是一个具有"基础中的基础"性质的服务性产业,其服务的对象和内容几乎覆盖了国民经济和社会生活的方方面面,在每一个领域都起着基础性的支撑作用。与其他产业不同,物流自身即构成一个完整的、顺畅延续的体系,且不会与周边环境及服务对象分隔。因此,物流体系的运转、物流业务的实施对信息的共享提出了更高的要求,各个环节间需要充分的、无缝的信息对接,其智慧化发展更需要高效率、全覆盖的通信网络作保障。

而 5G 的应用能够将物流领域各类数据进行更有效的归集,任意一个物流节点上的数据都可以被获取并上传至云端的数据库，形成海量的数据。这些海量的数据经过不断地更新、分析和处理后，可以应用到更广泛领域，进而助力物流行业的服务质量和效率的进一步提升。

也就是说，5G融合之后，必将从物流业的运营效率、服务质量、运作成本、用户体验等各个方面，为参与物流体系构建的各类物流企业及上游生产制造和销售企业、下游的消费群体，提供全新的模式和场景，并带来更高的收益，这对于全面优化与提升物流的智慧化水平来说，有着重要的助力作用。

概括来看，5G为智慧物流领域带来的变化至少有3个方面：

一是为"去中心化"创造了网络传输条件。物流智慧化场景下的物物相联，不再是以中央网关为唯一控制中心的独立物联网模式，而是实现了逻辑上"去中心化"的自由组网，一些智能化终端可以瞬间变身5G网络架构的组成部分，承担起通信信号传输的载体重任。虽然形式上还是通过中央网关逐级链接的方式，但由于植入了自带信息及独立接收和处理信息的物联网卡，每一个"物"都可以瞬间成为"中心"，独立组网。同时，在5G无线网络全覆盖的前提下，无论是对物流全流程，还是单个作业环节，无论是管理人员，还是具体业务人员，无论是平板、还是手机，都可以在任意位址使用一个终端、一套应用，完成对所有场景的管控，实现的全场景智慧化操作。这样，无论在仓储场景，还是在运输和配送环节，人、设备、车、货、载具都可以自带指令，或者转化为指令传输中心，从而实现智慧控制系统的无缝隙全覆盖、不断链。

二是营造了创新技术与设备应用的全新场景。在5G的助力下，诸如人工智能、大数据、云计算、物联网及区块链等核心技术可以更加顺畅地应用于物流业务中，其衍生的产品可以更易于落地实施；同时，5G作为关键传输层技术，以其更高速度、更低时延的优势，实现无缝接入物流架构中，使得物流架构中运用的嵌入式设备（无人机、无人车等）得以顺畅实施。而这类技术和设备的使用顺畅性和高效率，是4G及之前的通信技术无法达到的，如远程实时监控、复杂环境的无人配送、超大规模与超高要求的视频采集与传输等场景。

三是拓展了更加广泛的应用场景。5G的应用，在物流行业能够实现更多的应用场景。例如，在智慧仓储场景中，得益于5G的海量接入特性，大量的物联网设备能够无缝地接入仓储作业各个环节，实现货位及在库物品的智能存储、智能分拣等；在运输过程中，GPS导航系统可以通过5G获取远程的云平台提供的路况、沿途气候及地质条件变化等信息数据，对路径进行实时规划与调整，以避开拥堵及潜在的灾害威胁；在冷链物流中，通过 5G 连接远程的云管理平台，实现对在库、在途物品的实时温度调控和跟踪监控。

总之，当物流与 5G 融合之后，将逐步取代 4G 及有线宽带，为物流智慧化提供强大的无线网络支撑，并以其更加优越的特性实现应用的飞越式拓展。

融合了 5G 的物流，才称得上真正的智慧化物流。

二、做好准备工作

在实现5G广泛应用之前,还需要在技术、网络等方面做好必要的准备工作,为5G在物流业的应用创造合适的环境。

(一)技术准备

近年来,从政府到企业都在致力于推进物流行业智慧化,从实际发展情况看确实取得了一些成效,许多方面已经走在了世界的前列。但是,从5G应用的角度看,目前的应用状况还存在很多不足之处,或者说存在一些制约5G应用的问题:

一是物流领域的标准化程度不高,各类物流设施、设备标准不一,难以实现作业一贯化,信息平台各自独立,信息共享不充分,从而限制了各作业环节的有效衔接;

二是全流程的物联网化尚未真正实现，物联网技术在整个物流业务流程上的应用呈现出碎片化、局部性协同性的特点，体现在物流综合管理平台上，只是某些物流业务功能模块的独立分布；

三是人工智能技术在物流领域还没有达到应用级别，物流作业只是局部的人工智能化，并且多数仅具备展示功能，实用性不强；

四是无线通信技术与网络尚未完全与5G应用匹配，某些场景下的智能化仍然采用"2.4G+蓝牙"的通信模式，有效距离短，拓展性及延续性较差，相关应用仅限于特定区域、小范围的实现。

总之，从技术及设备应用看，各个环节、各项应用还没有实现全程、全网的贯通，影响了5G网络功能的正常发挥。

为了全面实施"5G+物流"发展战略，首先要在技术方面做好准备。主要有以下4个方面：

1. 持续推进实施物流标准化及供应链协同

标准化是信息化建设和智慧化发展的基础。统一、科学的标准体系，有利于实现信息的有效对接与互动，是现代化、自动化、智能化的重要手段和基本前提。实施"5G+物流",首先要解决相关智能设备、系统软件、信息平台及物流领域的标准化问题,要通过相关标准的制定与实施,为各类要素的深度融合提供统一的基础平台。

强化智能技术与设备的标准化,增强各类技术与设备间的兼容性;要进一步完善物流标准体系,推进物流设施、设备及托盘等载具的标准化生产和使用,严格规范物流各环节的作业及相互关联的操作,充分体现标准化前提下的物流运营与管理一体化。

进一步加大供应链协同力度,在供应链参与各方对5G应用于物流及供应链领域的意义与作用高度认同的前提下,加快业务协同步伐,实现全流程的优化,为5G应用做好业务操作方面的充分准备。

从供应链体系的架构看,物流是供应链中极其重要的一环,连接着供应链从原材料采购到成品交付给最终用户的整个过程的各个环节,物流运作的效率对整个供应链效率有着决定性的影响,智慧、高效的物流是供应链体系高效化的基础;另一方面,供应链体系包括了制造、物流及商流等多个方面,供应链内部的业务衔接与信息共享,为物流系统的精细化、柔性化运作提供了重要的基础支撑。构建物流与供应链高度协同的智慧化体系,是推动物流智慧化的基本前提。

构建物流与供应链协同的智慧化体系,须重点关注3个方面的问题:

一是物流系统的高效运作。科学计划与组织供应链体系内、外的物流活动,协调上游的原材料供应及制造活动,为下游企业提供快速、准确、动态的物流服务及信息交流,提高物流系统的可靠性、柔性及交付的准时性,保障供应链各环节的"物"的实体运转的连续性,进而提高客户对整个供应链的满意度。

二是供应链各环节的顺畅运作。无论是单个的制造企业,还是已构建统一链路的供应链上下游企业的联合体,目前基本上都没有真正做到全链各环节的有效衔接,全面的智慧化更是无从谈起。这个问题不解决,同样影响协同的效果。要以信息共享为基础,通过技术与机制的协同,通过网络技术将相关的物流活动信息实时地传递到供应链的各个成员及各个环节,并根据反馈的信息对相关活动进行实时协调与控制,促进供应链内部和外部的物流及相关活动的协调发展,以实现整个供应链体系的低成本运作、高效率增值。

三是系统及设备的有效衔接。物流智慧化需要一系列智能设备与系统软件的部署,而且这些设备与软件必然涉及整个流程,高度的协同是基于全渠道的打通,而目前在物流领域不同设备、不同系统的有效衔接做得并不好,如果还需要向整个供应链延伸,难度会更大。因此,实现系统与系统之间、系统与设备之间、设备与设备之间的无缝衔接、协调运作,对于物流智慧化来说至关重要。

总之,只有在实现物流与供应链体系高度协同的基础上,叠加5G网络及相关技术应用,使各方、各环节的信息交互不再受时间和空间的限制,达到充分共享,才能实现"5G+物流"的理想效果。

2. 完成全流程的物联网化部署

随着物联网理念的普及和技术的提升,物联网在物流业的应用得到了普遍认同并日趋广泛,物流各场景下的物联网部署进展迅速并取得了一些成效,物联网应用对于物流业的创新发展将发挥日益重要的作用。

在5G通信环境下,物流业的物联网技术创新应用还需要做以下几个方面的准备:

一是建立统一的适应物流业发展的物联网应用基础体系。统一的物联网应用基础体系是物联网得以顺畅运行进而实现物流全流程物联网化的前提,只有在统一的体系基础上建立的物联网,才能真正实现物流全流程的信息共享和智慧化应用。建立统一的适应物流业发展需要的标准,实现物联网在物流领域不断链、无空缺,既是5G应用于物流行业的前提,更是5G在物流行业发挥应有作用、展示其立体化魅力的基础。因此,建好物联网应用基础体系,是推动物流领域5G应用的首要工作。

二是实施统一的满足物流业务运作要求的物联网技术及设备部署。在一致的应用场景中,要统一电子标签的制作与应用,实现在5G通信条件下的无障碍读写;应用设备的智能化,要选择统一的实现形式,采取物联网卡植入及信息加载的方式,实现全场景的一致化信息传输;设备自身及作业环节采集到的信息,尽可能采取主动推送的方式实现与后台的交互,将蓝牙传输方式限定在尽可能小的范围。

三是构建开放共享的物联网应用网络。突破物流行业应用场景,实现5G环境下的物联网技术跨行业应用,有利于建设更加高效、智慧的物流运营与管理网络。另外,实现物流领域物联网的开放共享,将其融入社会物联网,将有利于物流信息的互通与共享。例如,冷链物流最重要的可追溯功能,需要建立与社会物联网相互融合的统一的追溯智能网络,从而实现对产品追溯信息的开放,可以让人们方便地实时查询、追溯产品信息。今后，其他的物流系统也将根据需要融入社会物联网或与其他领域的专业智慧网络互通。

基于以上技术方面的准备，当 5G 网络部署完成后，直接进行通信接入，实现 5G 与物流的融合发展不再是难题。

3. 继续加大人工智能的应用

就物流智慧化发展来说，5G 应用只是营造了更加先进的通信网络环境，实现"5G+ 物流"的理想化目标，必须进一步夯实人工智能在物流领域的全方位应用这个基础。

目前，人工智能在物流领域的创新应用势头强劲，相关的理论探讨和实践创新持续不断，一些典型的应用场景已经突破单纯的实验过程，未来的应用创新还会日新月异。在前一章中，相关的内容已作了表述，这里不再展开。

需要强调的是，物流领域某些环节的人工智能应用，在现有的 4G 通信条件下也可以很好地实现，对于这些环节的应用来说，5G 的应用效果可能并不显著，但是，对于整个物流作业流程的优化、作业效率的提升来说，5G 的融入，其呈现的效果必将是飞跃性的。

4. 探索推动区块链等新技术的应用

近年来，我国数字经济蓬勃发展，云计算、大数据、人工智能等技术迅速得到广泛应用，相对而言，2008年即问世的区块链技术的发展要缓慢得多。究其原因，主要有两个方面：

一是由于区块链技术的高深和专业性。对于大多数人来说，区块链是难以理解的高科技，它所运用的算法，它所构建的数据库架构，它的应用场景以及能够给大众的生产生活带来的变革和益处，很难向非专业人士解释清楚。这种认知上的障碍，势必会阻碍区块链技术的应用与发展。

二是区块链应用领域的"负面"性。在人们的印象里（一直到现在还存在），区块链引起社会的广泛关注，始于虚拟货币，而虚拟货币领域近几年发生了一些"不愉快"事件，或者说发生了"虚拟货币骗局"，特别是ICO事件。受这些事件的影响，在还未理解其原理和实践意义的前提下又加深了人们对其反面的认知，进而导致区块链技术与应用产业的发展一度处于"停滞"状态。

直到近几年，区块链技术在国内外相关产业领域获得了越来越多的认同和日益广泛的应用。例如，在金融、司法、医疗、政务等领域，围绕"数据"这个核心，在打破"数据壁垒"、实现数据共享、有效解决"信息孤岛"问题等方面，区块链技术均有不同程度的创新应用；在版权登记、食品溯源等需要精准知悉数据真实性、来源可靠性的领域，区块链充分发挥了其不可篡改、全程可溯的优势，在应用中破解信息的"存"与"证"的难题。

2019年10月24日，中央围绕区块链技术发展现状和趋势进行集体学习，重点强调了区块链技术的集成应用在新的技术革新和产业变革中起着重要作用，明确提出要把区块链作为核心技术自主创新的重要突破口，加快推动区块链技术和产业创新发展。这无疑为区块链技术的创新应用提供了超强助力。

区块链的信任机制来源于密码算法，掌握自主核心加密算法是大规模发展区块链技术的前提。2019年10月26日，全国人大常委会通过了《中华人民共和国密码法》。《密码法》的推出既有利于规范区块链等新型技术的应用，也有利于促进新型加密技术在区块链中的应用。

实际上，我国布局区块链由来已久。不管是在政策规划，还是技术应用方面，我国早已对区块链进行了深入探索和布局，并且已经取得了一定的成效。

从政策层面看，2016年，国务院印发《"十三五"国家信息化规划》，将区块链技术列为战略性前沿技术；2018年6月，工业和信息化部印发《工业互联网发展行动计划（2018—2020年）》，鼓励区块链等新兴前沿技术在工业互联网中的应用研究与探索；2019年1月，国家互联网信息办公室发布第3号令《区块链信息服务管理规定》，明确区块链信息服务提供者的信息安全管理责任，规范和促进区块链技术及相关服务健康发展。全国大多数省、直辖市和自治区也相继出台了支持区块链技术发展的政策措施。

从技术应用层面看，近年来我国的区块链技术专利申请数量位居全球首位。中国金融认证中心（CFCA）发布的《2018中国电子银行调查报告》显示，目前全球已有的区块链相关专利申请超过半数来自中国。

从实践应用层面看，区块链是一个分布式的共享账本和数据库，具有去中心化、不可篡改、可追溯性、集体维护、公开透明等特点，可以为产业技术、流程和组织方式创新带来颠覆性的变革，在各相关领域具有无限可想像的应用前景和实现融合创新与转型升级的机遇。

在物流领域，区块链的概念越来越受到重视，对于区块链技术将有助于改善物流的运营与管理这一观点，已在业内人士中达成普遍共识，对区块链技术应用于物流行业及其能够带来的"惊喜"的探索也从未停止过。目前，区块链技术在物流领域已经实现了初步的应用，在物流业的实践中已经形成了案例。

如，新加坡 Yojee 公司利用人工智能和区块链技术，推出了一款软件，该软件能够采用机器学习，将末端交付工作自动分配给司机，减少对人工调度员的需求，不仅降低了物流成本，还为客户提供了更便捷的交付；软件还利用区块链技术来跟踪和存档交易、交货细节，以便在必要时始终可以对其进行验证，保证了货物的安全性。

我国也有一批致力于区块链应用的产业创始人，他们以精深的理论理解和不断完善的实践经验，将区块链娴熟地运用到各个产业领域，包括物流行业。

如，爱立示信息科技有限公司（以下简称爱立示）创始人谈建博士，曾作为联合创始人和研发副总裁创建 AvePoint，于 2012 年创立爱立示公司，领导团队自主研发无钥签名®区块链技术，为政府、企业和个人的诚信需求提供技术基础服务，在电子政务、医疗卫生、移动互联网、物联网、防伪溯源、供应链金融等领域应用。

爱立示在物流领域推动区块链技术应用，有两个较成功的案例：

一是与安永合作搭建了以航运保险为核心应用场景的 Insurwave 平台，已与世界最大的集装箱海运公司——马士基（Maersk）达成战略合作，正式启用平台。2018 年，WTO 发布的《区块链能否改变国际贸易》研究报告特别介绍了 Insurwave 平台，表示区块链可能深远改变保险业和国际贸易目前的格局。

二是与贵州省"食品安全云"合作搭建了食品安全溯源检测平台，利用无钥签名区块链对食品检测的样品审核、报告时间、实验数据校核、实验数据、样品称重、样品出入库、任务分派、样品交接和现场抽样等全流程数据进行监控、固化、溯源，并将签名后的数据信息永久保留在区块链上，实时验证此类现场、流程数据是否原始、完整，为检测报告的权威性提供原始基础。

笔者认为，区块链在物流领域更加广泛的应用，可以从两个不同的角度来认识：

一是追溯。是对物流客体"物"的信息标记、印证，达到可追溯的目的。爱立示与贵州省"食品安全云"合作搭建的食品安全溯源检测平台的作用即在于此。

在食品药品冷链物流中，从产地源头直至最终的消费终端，"物"自身产生的过程信息，在冷链各环节所处的环境条件和自身的状况，上下游交付环节的衔接作业的状态，"物"的品质和安全性保障信息等，目前都是很难跟踪掌握和追溯的；通过应用区块链技术，这些信息都将被无篡改地永久保留，追溯起来就是很容易的事情。

二是物流自身的结构优化。物流自身是个完整的体系，各作业环节构成了一个连贯的整体，任何形式的割裂都将影响整体的效率。在实践中，这些作业环节通常不是由一家公司自始至终地完成，而是需要各擅其长的多个主体分别承担。由于相互间的信任建立成本偏高，这种"分段式"的合作要么建立困难，要么成本居高不下、效率低下，要么根本无法形成密切合作的关系。通过区块链技术的应用，建立永久的、痕迹清晰的诚信记录，对各个作业环节的相关状况进行清晰的标记，形成完整的可查询证据链，将有利于承担物流业务的各环节参与主体的相互信任，建立稳固的合作联盟，各自发挥所长，优化物流全流程。

推而广之，在产业供应链中应用区块链技术，在各环节参与主体中建立相互信任，则更有利于实现供应链全链路的全面优化，以及跨行业供应链的有效衔接。

区块链技术的应用，"区块"含时间戳信息的彼此互连，数据的记录、分布式存储和发表，系统参与者对数据的实时共同维护，相关技术的整合共享，在5G通信条件下，将是一种全新的方式。

在物流领域，融合了5G的区块链与物联网技术深度结合，可以轻松掌控物流业务全链路的作业环节，获取实时信息，通过场景互联，打造智慧园区、无人仓库、无人运输、"最后一公里"无人配送及冷链追溯等专业细分服务。

物流融合5G，区块链不可或缺。

（二）网络准备

5G应用，网络是基础。从目前的发展看，对5G应用的期待和拓展比想象中更强、更快，基站的部署，终端产品的研发与生产，都被推向了"快车道"。但是，由于5G的技术特性，决定了其网络建设难度高、成本大，这在一定程度上制约了5G网络建设进展。

各运营商也意识到了独立建网的困难，逐步选择了共建共享的模式，在5G基站建设及其站址、机房、管道等配套设施建设方面，建立了统筹建设和开放共享机制，共同编制5G基站建设规划，推进通信配套设施与主体建筑同步建设，加大通信管道共享力度。对于5G网络建设来说，这是一个有效的措施。

与此同时，基础通信网络的建设也不可忽视，特别是应用ICT技术促进信息与通信技术深度融合、引领传统固网全面转型、发展，对于未来5G更广泛地应用于物流领域，具有重要的奠基意义。

1. ICT引领基础通信网络发展

ICT(Information and Communication Technology)即信息通信技术，是IT（信息业）与CT（通信业）服务及应用的有机结合。简单地说，就是在传统通信技术的基础上，叠加信息获取、信息传递、信息认知、信息决策、信息控制和信息优化等信息技术，从而实现互联网与多业务通信网络的融合发展。其中，通信技术主要完成信息的传递。

目前，固网运营商将ICT业务作为一种向客户提供的服务，把通信业、电子信息产业、互联网、传媒业均融合在ICT的范围内。这种一站式的ICT服务，大大拓展了传统通信固网的范畴，不仅包括线路搭建、网络构架的解决方案，还包含与信息系统建设与应用相关的集成、咨询、外包及软件开发等服务。

从目前我国三大运营商针对大客户提供的ICT业务来看，其内容主要包括：系统集成、视频监控（包括全球眼等）、VPN、灾备等应用业务。特别是在网络集成服务方面，为客户提供软、硬件系统集成工程实施的项目和方案设计，软硬件采购、安装、调测开通等服务，将网络（WAN/LAN/VPN）设备、网络安全、PBX、机房智能布线及整治等进行高度集成。

近年来，ICT 已经渗透到社会生活的各个领域，在一定程度上带动了基础通信网络的进一步发展。

如，中电合创（北京）科技发展有限公司是北京联通、北京电信两大运营商的授权代理商，其核心业务就是为客户提供灵活可定制的性价比更高的宽带产品及 ICT 解决方案，目前合作的楼宇及园区遍布北京，服务客户 1 万余家，涉及机关、学校、医院、餐饮、酒店、金融、文娱、互联网等行业领域。2019 年，中电合创正式入围北京联通产业互联网（区域产业互联网项目）合作伙伴，重点拓展"ICT+"服务及相关项目建设方案提供。

未来适应 5G 应用发展需要，应在以下两个方面进一步强化 ICT 对基础通信网络及相关应用的引领作用：

一是通过推动 ICT 的更广泛应用，拉动基础通信网络的建设和发展，同时强化 ICT 在内容上对基础通信网络的丰富和发展提供更多、更强的需求。例如，通过 ICT 业务的拓展，推动网络连接的平台化和云端化，最大化基础通信网络的价值。

二是通过 ICT 服务中物联网要素的不断叠加，持续强化基础通信网络与"物物相联"的通信需求的深度契合，为下一步 5G 应用的实现做好"预演"，以积累丰富的经验促进 5G 与应用场景的平滑对接。

2．加快 5G 网络建设

自 2019 年 6 月 6 日工业和信息化部颁发 5G 商用牌照以来，作为"5G+"计划的引领者，三大运营商进一步加速 5G 网络部署，积极推进 5G 基站建设，全力打造 5G 精品网络。据了解，中国移动规划于 2019 年新建 5 万个 5G 基站，中国联通计划建设超过 4 万个 5G 基站，中国电信计划新建 4 万个 5G 基站，三大运营商合计将建设超过 13 万个 5G 基站；中国电信首次明确 2019 年 SA/NSA 混合组网、2020 年 SA 组网建设步骤，相关的传输网、边缘计算等产业链需求将全面启动。

同时，国家广播电视总局发文要求广电国网 2025 年取得 5G 建设重要成果，同时探索所有制改革，破解广电 5G 网络建设瓶颈，加快广电"一张网"整合。

由于目前 5G 建设尚处于起步阶段，基站建设和网络部署还存在诸多难点，如，基于 5G 自身的特点，5G 网络基站的部署密度比 4G 更大，建设成本更高；5G 基站设备对天面条件、动力要求更为严苛，新建 5G 独立传输平面施工难度较大。这些难点问题的存在，在一定程度上影响了 5G 网络建设的进度。

然而，实现物流与 5G 的融合，5G 网络的覆盖、5G 信号传输的稳定保障是不可回避的先决条件。因此，5G+ 物流的实现，5G 网络准备至关重要。

有条件的物流园区和企业，要根据自身的地理分布、业务规模及相关功能配置特点，协调并配合当地有资质及 5G 部署条件的通信运营商，准确测算业务系统对 5G 网络的应用需求，研究制定合理的 5G 网络部署方案，优化配置宏站和微站，加强天馈融合和动力系统（5G 网络设备对电源配套供电能力要求更高）改造，确保 5G 网络顺利、有效部署。

考虑到物流行业在业务运营方面具有跨区域的特点，为保障相关业务在 5G 通信条件下的全面协同，需要在 5G 网络部署上突破地域限制，实现跨区域、全覆盖，并加强全网的资源共享和通信传输的无缝衔接。

随着 5G 在物流领域应用场景的日趋多样化，为了满足物流技术与模式创新及其智慧化发展的需要,在加速5G网络部署的同时,还要做好进一步更新和完善5G网络的预案。

(三)综合管理平台准备

综合管理平台是实施物流智慧化的"大脑",也是实现5G融合的关键。物流智慧化综合管理平台是以现代通信技术为前提,以现代信息技术及物联网、人工智能等技术为基础,以物流全链各环节的运营与管理为目的,搭建的综合性平台,通过畅通的信息共享和丰富的物流应用服务,整合与共享资源,实现物流全过程的信息化监控和智慧化决策。

智慧物流综合管理平台应具备以下3个主要的业务管理系统:

1. 订单管理系统

在物流企业的日常运营作业中,订单处理是不可忽略的环节,也是其他所有后续作业的发端。订单处理作业的管理是物流管理中的重要任务,而订单管理系统则是物流管理系统的重要组成部分。

订单管理系统(Order Management System,OMS)通过对客户下达订单的管理、分配及跟踪,动态掌握订单实施的进度和完成情况,并据以督促和推动仓储管理和运输管理的效率提升，实现仓储、运输与订单处理的有机结合，使客户对物流服务的全过程获得良好的体验，有利于全面提升客户满意度。

OMS通常包括订单接收、订单拆分与合并、订单执行、订单状态查询和异常订单处理等功能，其管理范围贯穿了接单、资料输入与处理、拣选、配送、返库处理、结算、收付款等整个作业流程。

订单管理系统的效率关系着对客户服务的质量，为了提升效率，需要与其他管理系统进行信息共享，实现业务环节的密切关联。如，仓储管理系统和运输管理系统提供的实时进度信息，可以在订单管理系统中即时体现；同样，订单管理系统提供的订单跟踪信息，可以为仓储管理系统和运输管理系统所用。因此，订单管理系统与仓储、运输等业务管理系统的紧密结合，能够大幅提升整个供应链的执行效率，并推动实现供应链执行流程的持续优化。

2. 仓储管理系统

仓储管理系统（Warehouse Management System, WMS)是对在库管理全过程进行综合管理的应用系统，通过对信息技术、无线射频技术、条码技术、电子标签技术、WEB技术及计算机应用技术等相关技术进行集成，将收货、存储（堆码）、存货管理与养护、订单处理、分拣和配送控制等仓储管理环节的各功能有机地组合成一个完整的自动化、独立的管理系统，实现仓储作业流程的优化和信息资源的充分利用，从而提高仓储作业效率与资源利用率，降低物流成本，增强客户服务水平，进而提升企业的核心竞争力。

WMS可通过后台服务程序，实现仓储计划、库存管理（运用MRP、MRPII、ERP等子模块，进行出入库、盘点、库存状态等管理）、托盘/货架管理等功能，通常具有订单处理、收货管理、入库管理、库存控制、拣选管理、盘点管理、发运管理（移库管理）及基本信息管理、后台服务等功能模块。

例如，在货位管理模块中，系统采用数据读取设备，查询产品在货位的具体位置；通过终端或VR技术，实时查看在库物品存储情况、存储空间利用状况，对仓库的存储区域、在库物品及装备进行智能化管理。

在入库管理模块中，系统根据订单及送货预约等信息资料，设定入库作业任务，作业人员可从系统中将入库任务下载到移动作业设备，在入库作业时扫描入库物品和货位信息，并把数据上传到系统中，系统自动对数据进行处理，数据库中记录此次入库物品的品种、数量、生产日期、货位、入库作业相关人员等信息,并对相应货位的产品进行累加。

在拣选作业管理模块中,系统对拣选指令进行综合分析,设置最佳流程和最优路径,并根据货位布局和确定的拣选顺序,自动在 RF 终端的界面等相关设备中显示指导性路径,避免无效穿梭和无序的商品查找。

在库存管理模块中,系统通过与 ERP 等系统实现无缝连接,支持自动补货,确保安全的存货量;通过对货位深度信息进行逻辑细分和动态设置,在不影响自动补货算法的同时,有效提高仓储空间利用率。

在基本信息管理模块中,系统不仅支持对包括品名、规格、生产厂家、产品批号、生产日期、有效期和箱包装等商品基本信息进行设置和加载,并能够实现对所有货位进行编码并存储在系统的数据库中,使系统能够有效追踪物品所处位置,也便于操作人员根据货位号迅速定位目标货位在仓库中的物理位置。

WMS 的使用,能够实现数据采集及时、准确,货位精确定位管理、状态全面监控、过程管理精准、全流程智能导向,从而全面提高工作效率和存储空间的利用率;能够实时掌控库存情况,合理保持和控制企业库存;通过对各作业环节信息的自动采集和处理,实现可追溯。

3. 运输管理系统

运输是物流的核心功能，相关作业也是物流作业的重要环节，在物流的整体架构中，运输的时间及费用成本通常占了相当大的比重，即使从国家经济总量的层面看，运输费用水平通常是国家物流成本的主要构成部分。因此，采用现代信息与通信技术，建设运输管理系统，对运输进行智能化管理，有着十分重要的意义。

在智慧化的物流中，对运输和配送的管理，必须改变传统的效率低、准确性差、客户需求反应迟缓的人工作业模式，而要充分发挥网络和信息系统的优势，通过高度集成的管理系统，实现对运输任务、资源控制、状态跟踪、信息反馈等信息的高效、准确的智能化管理。

运输管理系统（Terminal Management System，TMS）主要是对物流作业中的运输环节进行综合管理，包括运输方式的选择、线路优化、拼货与配载优化、车辆管理、车辆跟踪与实时监控等功能，有利于整合运力资源与货物资源，提高运输效率。加载车载终端，可实时定位车辆位置，上传运输线路、油耗统计，进行驾驶行为分析等。

综合地看，TMS 是一个整体化的解决方案，系统通过对运输任务中的接收、调度、发货等作业信息的综合分析，确定运输任务的执行过程，特别是对每一单业务运送路径的优化；通过导航、监控等技术的应用，对运输车辆的状态、任务的执行情况及运输时间的掌控，进行实时的监控和全过程的流程跟踪；定期将系统所收集的运输信息进行统计处理，科学、有效、准确地反映企业物流业务运行状况，并为企业提供运输优化决策的数据支持；及时统计处理运输过程中的费用支出数据，提供给财务进行对应的收支核算，统计分析实际发生的费用和每笔业务的利润等。

TMS 应用的背后有一些支撑性的技术。例如，车辆定位技术（最常见的是 GPS 技术）的应用，实现了对车辆的实时定位，有助于控制中心在任意时刻查询车辆的地理位置，并在电子地图上直观地显现出来，从而对车辆所在位置进行动态掌控，帮助企业优化车辆配载和调度。另外，车辆定位技术也是搜寻被盗车辆的一个辅助手段，这对运输贵重货物具有特别重要的意义。

借助电子识别系统，对车辆进行动态识别，便于对运输途中的车辆行驶/停留时间及地点进行实时的跟踪与监控；还可以与其他系统衔接，用于控制物流中的运输、转运、代销和存储过程。目前采用较广泛的是射频识别技术（RFID），它利用射频方式进行非接触式双向通道交换数据，以达到对车辆进行识别的目的。

未来的运输智慧化，将更加依赖于现代通信与网络技术的支撑，实现在途数据的远程输送与交换，基于网络的及时、准确的信息传递，保证运输系统高度集约化管理的信息需求；通过采用移动信息技术，将移动的车辆信息纳入整个物流系统的信息链中，构成统一的整体。例如，在车联网企业，通过车辆上配置物联网卡及相应的模组，将货运车辆纳入信息链。

大型及跨国物流企业对移动定位与短信息收发有着大量的需求，而随着移动通信技术的更新及信息费用的下降，许多中小物流企业对移动通信与信息技术也会越来越感兴趣。

总之，在物流领域，综合管理平台与各子系统既相互独立又融合为一体，在 5G 条件下更易于实现无缝对接与高度协同。相应地，对于"5G+ 物流"来说，功能完备、高效协同的综合管理平台，是基础的基础。

三、应用场景选择

目前，5G在物流行业的应用已经起步，开始在物流节点和物流线路多个物流场景中得以应用。苏宁易购与中国移动签订战略合作协议，联手探索5G应用场景，加快推进5G商用，其5G应用探索覆盖无人技术、设备智控、大数据等领域；菜鸟与中国联通、圆通速递拟联合启动超级机器人分拨中心升级计划，打造国内首个5G快递分拨中心，同时积极开展5G时代的自动驾驶研究，并在杭州云栖小镇设立了5G无人驾驶测试基地；京东物流对5G商用场景的探索和实践也有所突破。

综合来看，5G在物流领域小场景、终端化的应用方面正在被深入研究探索，无人机、无人车的配送和智能售、取货终端的5G融合不再是难题；基于5G的无人驾驶已初步见效，未来随着5G全网覆盖将能够实现跨区域应用；物流园区的5G商用还没有出现可借鉴的案例，是下一步研究和探索的重点场景。

"5G+物流"的重点应用场景包括 2 个方面：一是单一的作业环节，重点是仓储和运输（配送）；二是综合的物流园区管理（由于涉及某些具体操作内容，以下专列一节进行探讨）。

（一）单一作业环节：仓储

仓储环节的 5G 融合，首先应基于 WMS 的完善和成熟化应用，满足入出库、保管与养护、盘点、拣选和分拣、集货、包装及装卸等作业的各项要求，且具备智能化条件。

一是具备符合物联网标准构建的仓储智慧化监管应用体系。该体系应包括针对作业全景的实时监控和定时抓拍，针对存储环境的温湿度监测和烟雾报警，针对设备操作过程的异常状况报警及抓拍，针对安全管理的非法入侵及人员违规的监控，以及针对应用场景的远程控制。通过各物联网设备的部署，实现对仓储货物、环境及作业的多维度监控，并提供远程、实时的控制和异常处置应用支撑。

二是配置了适宜于 5G 技术的智能化设备。仓储环节的作业，既有静态的监控，也有动态的搬运、堆码、存取等重复性动作，后者完全可由 5G 智能化设备替代人工进行无人化作业。这些设备一般包括入库装箱机器人、仓内搬运用的无人叉车、穿梭车及搬运 AGV、拣选及拆码垛用的专用机器人，以及自动分拣线等。通常需要在库区及仓内布设 5G 基站，结合仓储管理系统相关功能，对仓内设备及物品加载 5G 定位技术，实现仓储作业全流程的自动化。

在仓储作业环节，基于完善的仓储管理系统及密集存储、自动化立体存储（自动化立体库）等，在 5G 网络支持下，运用 AR 等技术，通过三维布局方式，设计仓储方式，监测存储环境条件（温度、湿度、虫害、水渍等污染情况）及物品存储状况（堆码、包装物形态、气味变化等情况），规划作业路径（如导航躲避拥堵巷道等），实现动态任务调度（如在拣货、打包等环节优先分配复杂拣货任务），完成分拣和复核，及时上传数据并接受反馈信息。

基于 5G 网络及相关智能技术，分拣和拣选作业的"货到人"自动拣选技术更加有效，实现快速分拣，以大大提升作业效率，提高作业的准确率；自动化集货技术（自动混合码垛、密集缓存、动态缓存等）将得以更加全面的实施，以大大提升空间利用率；自动复核、自动包装技术效率进一步提升，扫码、开箱、装箱（袋）、封箱、覆膜、贴标等作业更加高效；自动装卸设施运转更加顺畅，装卸货作业更加智能。

（二）单一作业环节：运输/配送

在运输和配送作业环节，5G 的融合一方面增强了作业规划的实时性，有利于选择和优化路线，帮助优化配载和装载顺序，助力高效准确的装卸货等；另一方面，为运输和配送的无人化提供了更加完美的通信保障，尤其是对"最后一公里"配送的优化，意义与作用更大。

据了解，无锡市联合中国移动、公安部交通管理科学研究所、中国信息通信研究院等相关单位，初步建成了城市级的车联网 (LTE-V2X) 应用项目，打造"人 - 车 - 路 - 云"智慧交通体系。在车联网网络覆盖区范围内，驾驶员可通过智能车载设备，提前看到前方路口的红绿灯状态、车辆排队长度，甚至是路口的实时影像路况，获得交通诱导、车速引导、潮汐车道、道路事件情况提醒、救护车优先通行提醒等信息服务。同时，车联网系统还将实现交管信息系统、智能交通设施和车载终端的无缝实时信息交互，从而提升汽车通行效率。换个角度看，"人 - 车 - 路 - 云"智慧交通体系的打造和实际应用，对于实施"5G+ 物流"、实现智慧化运输与配送，在实践中提供了真实的货运及配送车辆智慧化通行的条件，也具有更深远的借鉴意义。

在 5G 车联网通信条件下，通过构建"车 - 路 - 云 - 网"

协同的 V2X 网络，实现在车辆高密度行驶的场景中的无人车运输与配送。

"V2X"（Vehicle to Everything，车联网）通信技术是相关车载通信技术的总称，即：车与车之间的直接通信（V2V），实现提前预警；汽车与行人之间的通信（V2P），以保障行人安全；汽车与道路基础设施之间的通信（V2I），如交通信号灯、交通标识、停车位置等；车辆通过移动网络与云端进行通信（V2N）。正是基于以上的通信交流，才能够实现更安全、便捷的智慧交通场景。

5G 网络传输的时延可达毫秒级，满足了无人车运行对通信、人工智能、视觉计算、雷达、监控装置和全球定位系统协同，以及实时传输汽车导航信息、位置信息和车载各传感器的数据到云端或其他车辆终端的要求，保证车辆在高速行驶中的安全；5G 峰值速率可达以 10～20Gbit/s，连接数密度可达 100 万个 /km^2，可满足 V2V、V2P、V2I、V2N 的通信需求。

也就是说，在 5G 技术的赋能下，V2X 的通讯延时大大降低，实现在自动驾驶系统感知到周围环境、车辆和行人的状态改变的同时，V2X 也会实时地向车辆发送同样的信息，确保自动驾驶系统探测和决策的准确性，将其安全性能推向更高的水平。

在"最后一公里"的配送环节,除了配送条件较好的城区范围的无人车配送外,基于5G网络条件的无人机配送,则能够很好地解决艰难环境下的配送问题,如山区、孤岛、高层建筑等环境下的配送,特别是在因灾应急的情况下,无人机配送的特殊优势会得到更加充分的发挥。

四、综合方案：
基于 5G 的智慧物流园区建设

物流园区是物流运营与管理相对集中的场所，汇聚了各类物流资源和服务，承担着区域的经济与社会发展的物流支撑职能，扮演着越来越重要的角色。由于其物流功能较齐全、作业流程较规范，在实施物流智慧化方面具有集约化优势，在"5G+物流"战略有着得天独厚的条件，更易体现出规模与示范效应，对于推进物流智慧化发挥的作用更加突出。

目前，我国物流园区发展从地域布局、规模和结构来看，很不均衡，物流园区的运营和管理存在较多的问题，实施"5G+"战略还存在很多需要填平补齐的地方。例如：

园区管理不规范，人员入园、出园随意性强且在园区内活动轨迹难以掌控，车辆行驶无引导、难定位且随意占用道路及月台资源，非自营物流业务混乱无序；

设施设备标准化、智能化程度较低，不符合标准的仓储设施仍然存在，作业设备不统一、难兼容，用于运输及配送的车辆状况差异较大，信息综合管理平台没有实现全覆盖；

物流作业仍较落后，机械化、自动化程度不高，人背肩扛、野蛮作业的情况仍较普遍，决策分析的智能化程度较低；

安防措施不够智能，安防监控有视频，但发现隐患仍然依赖安保人员的责任与能力，对存在的安全隐患不能主动识别、及时排查，出了问题追溯难度较大。

因此，无论从运营管理层面还是作业层面，"5G+"战略与物流园区智慧化发展均有着丰富的结合点。

2019年9月17日，京东物流华南区域分公司与中国联通广东省分公司举行合作签约仪式，宣布将在京东物流东莞"亚洲一号"仓库进行5G智能物流园区建设，打造5G智能物流联合创新实验室。该园区将设置智能车辆匹配、自动驾驶覆盖、人脸识别管理和全域信息监控，预留自动驾驶技术接入，实现无人重卡、无人轻型货车、无人巡检机器人调度行驶；依托 5G 定位技术，实现车辆入园路径自动计算和最优车位匹配；通过人脸识别系统，实现员工园区、仓库、分拣多级权限控制；基于 5G，部署无人机、无人车巡检及人防联动系统，实现人、车、园区管理异常预警和实时状态监控。

概括地说，京东物流将依托 5G 网络通信技术，通过 AI、IoT、自动驾驶、机器人等智能物流技术和产品融合应用，打造高智能、自决策、一体化的智能物流示范园区，推动所有人、机、车、设备的一体互联，包括自动驾驶、自动分拣、自动巡检、人机交互的整体调度及管理，搭建 5G 技术在智能物流方面的典型应用场景。

据悉，京东物流目前已经建成的 5G 智能园区中，实现了运用 5G 高速率、低时延、广连接的特性，通过 5G+ 高清摄像头，对园区中的人员进行定位管理，还可以实时感知仓内作业区拥挤程度，及时进行资源优化调度；5G 与 IIoT (Industrial Internet of Things，工业物联网) 结合，实现对园区内的人员、资源、设备的综合管理与协同；借助 5G 通信网络，实现对园区车辆的智能识别，并智能导引货车前往系统推荐的月台进行作业，让园区内车辆运行更加高效有序。

以目前智慧物流园区 5G 应用的规划设计及部分实践应用为借鉴，结合 5G 应用实现的进度及相关技术发展的现状及趋势，并参考目前已实现 5G 应用的智慧楼宇、智慧城市等场景的做法与经验，现就 5G 融合的智慧物流园区建设作简要探讨。

（一）园区 5G 网络部署

建设 5G 智慧物流园区，首先要解决 3 个方面的问题：

一是园区智慧化程度的定位与设备选型。 在 4G 及以前的通信技术条件下，发展建设完全机械化或局部智能化的物流园区并不是一件困难的事情，甚至出现了一些在某些作业环节实现无人化操作的带有实验性质的园区，初步或基本实现了低成本、高效率、智能化的水平。但是，这样的物流园区并不是叠加 5G 环境的理想场景。

概括地说，基于 5G 的智慧物流园区的重要特点就是通过叠加 5G 通信技术，以及在 5G 网络下实现更有效、更广泛应用的智能技术与设备，包括 AI、无人机、无人车、智能机器人等，并融合物联网、大数据、区块链等先进技术，形成以 5G 网络、智能技术与设备和现代物流技术高度整合，高智能、自决策、一体化的智慧型综合物流业务与运营管理场景。

也就是说，5G 智慧物流园区首先必须是以完全无人化为目标且高度智能化的，这首先需要明确的功能定位。

基于这一定位，需要精心选择和匹配园区及各业务环节应用场景的智能设备。如，园区的出入监管及整个园区的监控系统的道闸、摄像头等设备，存储环节的智能货架、托盘存储等，分拣及传输作业的分拣机、穿梭机、输送带、地狼等，以及与移动作业相契合的移动终端、VR 等。这些设备在类型和功能匹配上，应有利于实现 5G 环境下的"物物互联"，而不会出现数据和信息相互阻隔的情况。

二是园区的综合智能管理平台建设。5G 智慧园区中各相关功能智慧化的实现，离不开高度智能化的综合管理平台。在这一平台上，应包括运营、监管、服务等功能系统。

如，业务运营支持系统，应满足各类物流业务的智能化运作需要，在 5G 环境下能够显著提升业务活动的管理能力。

智能监管系统，能够对园区的人、车、物及相关活动进行全方位的监控，实现物流作业的全程可查。

智慧节能与环保系统，能够动态监测园区各类设备用电、各种物资耗材的使用情况，实时进行相关数据传输与分析，优化实施方案，降低用电成本，提高资源利用率。

智能安防系统，能够实现边界防御、巡更巡检、异常预警等功能。

办公及物业服务管理系统，能够为客户提供更加便捷的商务、生活服务，提升园区客户满意度。

三是5G通信网络的部署。这是建设5G智慧物流园区的重中之重，也是目前较难解决的问题。

受高企的建设成本的制约，目前5G网络的覆盖范围极其有限，即使在少数试点城市也只是实现局部覆盖，对于大多数地区来说，实现5G网络全覆盖还需要不短的时间。因此，在建设或改造5G智慧物流园区时，首要的任务是了解本地区5G网络覆盖情况。

园区外部的通信网络建设可以协调运营商解决。运营商通常根据实际情况，择址建设5G宏基站（新建或改造），对园区形成信号覆盖。

园区内部的通信网络配置由业主负责实施。通常需要对园区宏基站（面积较大的园区）及微基站的合理配置进行规划设计，形成部署方案。在微基站的部署方面，可根据

5G 网络"物物互联"的优势,通过借助适当设备接续通信信号传输的方式,经济、适用地拓展小环境的网络。

5G 网络部署完成,即可进行园区各区域、环节的功能配置,包括物联网设备及智能管理系统等。

(二)园区出入管理:智能门闸道闸系统

园区出入管理系统包括两个方面:人员出入管理系统和车辆出入管理系统。

1. 人员通道

对出入园区的人员管理,分为两个部分:

一是园区管理人员及业务洽商人员。可借鉴智慧楼宇的做法,在园区入口或办公场所出入口设置人脸识别速通闸机系统,采取"智能门禁+智能监控+智能识别"模式。员工出入兼具识别记录和考勤功能;业务洽商人员按照已预约和未预约的情况进行分类识别并实施应对措施;对陌生访客设置预警功能。系统与后台的综合管理平台对接,相关数据信息传输、处理以 5G 为支撑。

人脸识别通道闸机

例如，对预约访客的智能化管控与服务，包括：访客邀请（通过微信等发送电子邀请函，支持在线地图引导和人脸录入），访客登记（支持桌面平板和立式平板），访客门禁（支持玻璃滑动门、普通电磁门的门闸），访客通知（短信通知受访者、提示接待准备），访客接待场景（人脸识别开门、屏幕欢迎语、会客室门禁联动），访客统计（对不同类别的访客进行多维度统计），等。

二是园区内经营商户和随机出入园区的客户。在园区出入口设置带有人脸识别、门禁和多维度统计功能的闸机系统，与综合管理平台对接，实施5G信息传输与处理。

2. 车辆通道

客运车辆通道可使用具有智能车牌识别、可疑车辆预警、自动收费和数据记录与分析功能的智能道闸系统。

货运车辆通道可在道闸系统中增加称重计量和运载货物相关信息采集与处理功能。

园区车辆通道

道闸系统与综合管理平台对接，实施 5G 条件下的智慧化管理。智能门闸、道闸系统的人脸识别系统及车牌识别系统，与园区安防系统实现联动。

（三）园区通行管理：智慧导航与照明系统

以 5G 网络为支撑，采用 GIS 技术，实现对园区内通行的车辆的智能化导引（基于植入物联网卡智能模组的语音提

示 / 与车载导航系统关联），对园区停车位的智能化管理（车型及车位占用情况提示），对月台车辆停靠及作业状况的智能化监控。

在对人员通道做出物理上的明确标示的同时，通过配置智能感应装置，自动感知人员通行状况，并与园区安防监控系统进行关联，加载相关信息提示功能，实时将提示信息推送到人员通道上设置的智能提示终端上，便于通行人员实时获取相关信息。

智能照明系统可使用集 LED 灯具、环境传感器、WIFI、摄像头、广播音箱、智能显示屏、一键报警及充电桩等装置于一体的智慧路灯杆，自动检测路段人员及车辆通行情况，并根据实际情况对路灯照明亮度进行智能调节，达到节能环保效果。同时，通过灯光亮度及显示屏提示，引导人员及车辆通行，使其兼具智能引导功能。

（四）园区作业管理：智慧作业系统

在 5G 条件下，园区内的物流作业将通过全程视频跟踪、AR 技术作业、远程视频运维、VR 模拟培训等方式，实现全程的可视化协同。

关于 5G 条件下园区内各项物流作业的智慧化运营与管

理，均有较成熟的产品、技术、系统和实践经验，这里不再详述，仅强调3点：

一是各作业环节及相关功能模块，可复用专业的智慧化应用系统。例如，园区智慧存储可使用专业的智慧化的仓储管理系统，包括自动分拣系统、自动识别系统、自动存储和搬运系统等；行驶在园区内的车辆可采用"车＋路＋云＋网"的智慧交通管理系统，通过使用车载智能装置、道路感应及云、网综合管理体系，对车辆行驶状态进行智慧化管理；配送环节可复用配送路径的设计与选择、车货匹配、车辆实时追踪与监控、温湿度监控、智能终端配置与使用等智慧化管理系统。

二是加强综合协同，构建全园区的物联网感知（全景空间管理）和园区内各项作业的联动机制，提升资源预留、收获提醒、货载匹配、物品布局等方面的协调性及数字化、智能化水平。

三是充分发挥5G通信和智慧管理系统的优势，加强异常状况的追踪管理，可以通过部署跟踪器/植入物联网卡等智慧化装置，进行准确、实时定位，发生异常状况主动示警，并迅速进行应对处置。

（五）园区业务服务管理：智能办公与监测分析系统

在5G条件下，由于通信的迅速和无障碍，园区业务服务管理可实现完全的智慧化，其服务质量和效率将大大提升，成本和差错率将显著下降。

1. 园区业务服务管理要点

针对园区的业务服务管理，主要是通过智能办公及后台大数据的监测分析，针对园区内商户及客户的业务活动，实施智慧化、精准化的服务。园区业务服务管理的重点在于以下5个方面：

一是无线网络的全园区覆盖。5G基站的合理部署，相关设备的精准配置，在整个园区内实现无线网络的无缝全覆盖，使得用户在园区的任何位置、任何时点和作业环节、任何运营与管理操作上，均能够获得高质量的无线通信网络服务。

二是管理平台的整合与开放。在5G的支持下，本着保持各商户、物流企业自用平台的既相对独立，又可无缝衔接的原则，构建逻辑层面的一体化综合管理平台，并实现与社会公共信息平台的开放对接，发挥网络效应，突破园区的区域限制和分工体系，重构物流园区运营模式。

三是搭建智能办公场景。利用先进的无线组网、云计算、智能终端等，将办公区内所有灯光、空调、传感器等设备以无线方式进行联通，并通过网关与云服务器相连，在5G的支持下实现全场景实时管控。

办公区域内的部分设备的智能化管控，也可以继续沿用非5G通信网络，如"2.4G+蓝牙"的方式，或物联网的自组网方式，以利于降低组网成本及通信费用，但无论采用哪种方式，其管控模式必须为去App化，且与后台的综合管理平台对接，并接受一体化管控。

四是实现园区场景的实时、数字化展示。通过合理配置电子显示屏，将相关信息适时推送到园区各相关区域，起到宣传、告知、展示和预警的作用。

五是做好热点分析和预测。采用大数据技术，通过后台的分析系统，对园区人、车、货、供求、价格等情况进行重点分析，预测发展趋势，并将有关信息推送给受众。

2. 园区智慧办公系统

智慧办公系统是针对园区办公区域的智慧化管理，包括对办公区域照明系统、空调系统、会议及办公设备等进行智能化管控，对办公区域环境质量进行实时监测，对能耗数据进行统计分析，对办公区域安全进行实时防护，以提升办公环境舒适度，提高管理效率，降低人工及能耗成本，增强安保能力。

从技术实现上看，通过将传感器、摄像头等监控传感设备与 5G 网络实现高效连通，通过控制面板、手机等终端及 App、微信等进行远程控制，可以智慧化管理、控制办公室的多种设备，从而提供较为舒适的环境。同时，通过系统分级管理，对办公场所使用者进行使用权限分级，并根据分级授予相应的管理权限，实现对办公场所及设备的有序化管理。

办公区域智慧化管控需要配置相应的设备，如区域控制器、无线 AP 等。区域控制器是设置在一定区域内集中处理本区域有线信息与无线信号的设备，可以与智能终端配套使用，增加设备的控制范围。无线 AP 用于办公区域内的无线自组网，采用 2.4G 频率，实现蓝牙等较小范围的无线智能控制。

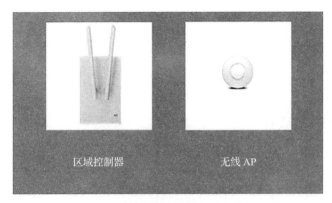

区域控制器及无线 AP

办公区域智慧化控制方式主要有 3 种：定时控制、即时即景的联动控制和远程控制。

一是定时控制。 用户根据办公场所使用情况，通过自定义，实现特定时间开启或关闭办公区域内的灯。例如，可以根据工作时间安排，将工作日的 9:00--18:00 设置为工作时间，在此时间段内，办公区域的灯光、窗帘、空调等设备自动处于开启状态；节假日及工作日的其他时间均属于非工作时间，在这些时间段里办公区域的灯光、窗帘、空调等设备则自动关闭。

二是联动控制。 与门禁、工位管理关联，实现工作情景及工位占用模式联动，通过用户自定义的方式，实现一键开启所有想要打开的灯，以及办公区域无人状态下自动关闭所有的灯。例如，工作中难免存在全体或部分人员加班的情况，当在非工作时段存在加班情况时，系统将自动进入自感应模式，在不同的区域监测到加班人员的存在，自动开启环境光源，直至加班结束。员工加班结束离开后，系统会自动关闭相应设备，以达到智慧化节能的效果。

三是远程控制。通过内置通信模块，由物联网平台或移动端App、微信小程序等进行远程遥控，可远程查看灯的开启状态并进行一键关闭或开启操作。如果在休息时间遇上突发状况，需要进入办公区域，则可以提前在通信终端上进行远程操作，比如打开空调等，从而实现到达办公工位后一切环境条件均准备就绪。

园区智慧办公系统通常包括智慧照明系统（智能开关＋空开＋情景面板）、智慧空调系统（智能控制器＋遥控器＋空开＋面板）、环境监控系统（温湿度、气体、光电烟及噪声等传感探测器）、安全用电及智慧节能系统（智能插座＋空开）、智能安防系统（门禁＋人体红外感应器）等。

以下针对办公区域的应用场景，重点介绍智慧门禁、智慧工位管理、智能照明、智能监测与节能、智慧数据分节等模块。

一是智慧门禁。与园区出入口门禁类似，办公区智慧门禁可以更精致化。主要是利用感应技术、生物识别技术，采用指纹、虹膜、面部识别，控制相关人员在楼内及敏感区域的行为，自动做出响应。主要用于智慧办公区域的安全防控。

二是智慧工位管理。利用微信小程序、APP、平台界面、前台一体机等多种终端，作为工位预订工具，并与门禁、灯光、电源、电话、网络、办公电脑等直接关联，优化工位资源，实现工位复用与共享，提高工位利用效率，有效降低办公空间租赁费用。

除了系统登记的工位预订信息外，还需要利用蓝牙等无线传输控制技术，结合红外感应装置，对每个工位进行精确定位，并对工位空缺情况进行智能识别。当某个工位实际被占用时，该工位的智能传感器自动反馈信息；当使用人员离开工位时，传感器计时系统进行计时，并适时关闭该工位的电源及通信设备。

通过智慧工位管理系统，还可以实现对工位资源的精细化管理，对工位占用、复用及相关设备使用情况进行统计和数据收集，并对相关数据进行分析，为工位资源管理提供依据。

三是智慧照明。智慧照明系统由智慧管理平台、内置通信模块、LED灯及智能灯控面板等共同组成,利用先进电磁调压及电子感应技术,改善照明电路中不平衡负荷所带来的额外功耗,提高功率因素,降低灯具和线路的工作温度,达到优化供电的目的。

四是智慧监测与节能。 通过办公区域温湿度传感器,对空气质量、温度、湿度等数据进行实时监测,并根据环境质量状况自动调节空调运行情况,自动进行开启或关闭空调操作,以保持环境舒适度;利用智能空开、智能插座、智能开关等智慧物联设备,组合成一套完整的智慧、安全、节能的用电管理系统;通过在嵌入式视频服务器中集成智能行为识别算法,对办公区域的人员行为进行识别、判断,并在适当的条件下自动生成预警信息,提醒管理人员做出应对措施。

对办公区域进行定时自动巡检,在有人使用时实时监测并调节环境状况,无人使用时自动关闭用电设备并对全区域进行安防巡查,发现异常自动触发预警信息,通知安保人员对异常区域进行人工巡查,以提升运维与安防管理效率。

从节能角度看,通过对办公环境温度及用电状况的监控及用电设备能耗数据分析,并与安全管理系统联动,自动开启或关闭空调、照明灯、投影仪、电视机、饮水机及其他用电设备，以减少空调用电及其他用电设备待机电耗，降低用电成本，提升节能水平。

五是智慧数据分析。智慧办公系统具备数据自动存储功能，可按照每天、每周、每月、每年的固定时间自动分类，并以图表的方式按照日、周、月、年进行自动统计，按需要生成相关信息的统计报表，便于管理层查看及分析决策。支持按照时间、员工信息等进行自动检索，方便员工日常使用。

尤其重要的是，由于系统存储了所有任务及记录和所有员工的活动情况，并且可以通过大数据运算提供相关分析数据和报表，管理层可以通过系统提供的数据分析和报表，准确掌握企业运营及员工的工作状态。比如，随时查询了解每位员工每天的工作内容及项目任务进度；根据工作量及任务参与、完成等数据反馈，对员工进行量化考核；根据员工工作完成的方式和效果分析，发现人才，有针对性地培养业务骨干。

综合应用场景：办公区域的智慧会议室。

办公区域的会议室是除工位之外的智慧化管控的综合场所，相关的智慧管控平台将会议室实际应用场景与门禁、照明、监控及节能管理系统联动，通过管理平台或移动端APP、微信小程序等，对会议室的使用进行智慧化控制，打造便捷、舒适、节能的研讨交流环境。

如，结合分布式网络控制系统硬件，可以对会议室内设备、灯光、窗帘等设备进行远程集中控制；通过空间占用探测器，可以感知会议室是否有人，确认无人后在系统里自动释放该会议室，并关闭会议室灯光等设备；通过温湿度传感器探测会议室当前的环境，并与空调、新风系统联动，实现自动开启或关闭，以达到智慧节能的功能；通过标准的软件接口，方便与其他已有的企业OA系统、微信等软件平台进行无缝对接，实现数据信息的联动和即时共享。

智慧会议室功能描述：

一是预约模式。通过综合管理平台的会议室管控系统，在终端的会议预订界面直观显示的全功能图形中，点击相应功能图形块，可查看会议室的使用信息，在非占用情况下，根据提示逐步操作，即可完成会议室的使用预订；系统将自动生成会议室使用的通知信息，在会议预订成功及会议召开前，以邮件或短信等方式自动推送给使用人及相关管理人员。会议预订过程可根据会议内容需要，添加并显示会议室的设备资产及本次会议需要的服务，以提高会议的效率。

二是迎宾模式。根据会议室使用管理预订情况，当门禁系统识别参会人员，特别是预约嘉宾时，会议室开启迎宾模式，会议室门开启，室内灯光、空调开启，智慧玻璃隔断设定到使用状态，窗帘打开/关闭、投影幕布自动拉下，投影仪自动打开并在幕布上投射会标及欢迎词。

三是一键开会模式。一键进入"开会模式"，会议室窗帘及投影幕布自动落下，投影仪打开，灯光逐渐变暗，空调自动打开且调节到合适的温度；会议进行过程中，可通过控制器、手机等对灯光、显示器等设备进行自动调节，或者通过手机对相关设备进行远程调节，使会议室现场达到最佳状态。

四是一键散会模式。会议结束后，不需要逐一关闭设备，一键开启会议结束模式，系统自动关闭灯光、空调，拉起窗帘、幕布，关闭投影仪等电子设备，确认会议室处于无人状态后，关闭会议室门并切断会议室内电源。

总之，智慧办公系统是对整个办公空间的智能化解决方案，基于5G网络及物联网技术等，能够根据实际应用需求，量身定制整体网络布局，自由搭配智能设备，优化配置智能管控系统平台，为办公区域设施、设备的使用与管理提供极大的便利，为相关的业务活动营造舒适、便捷的条件，并实现办公区域空间的更有效利用与能源节约。

（六）园区安防管理：智能监控与安防系统

园区的监控与安防应着眼于4个方向：防人、防车、防入侵、防自然灾害。

一是防人。 园区固定商户、专职物流作业人员及园区管理人员，通过生物识别或携带微型物联网卡装置，随时向后台发送位址及活动信息，后台经识别、分析后自动发送信息给相关终端，并在后台数据库中保存相关数据，以实施园区内活动的定位监控，确保园区长期在园人员的活动轨迹均在正常范围内。

对于园区临时访客（包括与商户洽谈业务、参观考察、市场监督等），通过门禁、访客管理系统，对相关人员进行身份识别后，提示专人引导或通过园区自动引导系统进行智能化的轨迹引导，既为访客提供便利服务，又可对其实施全程实时监控，确保其在允许的范围内正常活动。

二是防车。 通过园区内运输管理系统，采取"车＋路＋云＋网"的综合智慧化管理，确保车辆在园区内的运行安全，既避免出现车辆行驶轨迹异常造成园区交通拥堵、车辆受损或运载货物受损等事故，也能够对可能发生的车辆撞人毁物等交通事故提前自动示警。

三是防入侵。重点是园区安防，特别是非工作时间的周界状况监控。通过在园区周界部署监控及其他的信息采集装置，对园区出入口以外边界的人员、车辆及动物的非正常越界情况进行全天候自动监控，发现异常后实时示警并记录相关影像等数据。

同时，对非正常入侵的人、车、物进行轨迹跟踪，并实时推送信息，配合人工进行搜索及控制，达到防盗窃、防破坏的目的。

四是防自然灾害。主要是通过对园区设施、设备的实际状况进行实时监控，对可能出现的稳固性、温度、水渍等状况的异常情况进行信息推送，提前示警并配合人工处置；根据气象预报信息，通过大数据分析，自动生成天气情况提示信息，并对可能出现的灾害性雨、雪、台风等气象进行提前示警，以达到灾害预防的目的。

从技术层面看，重点关注 2 个方面：

一是实现全域监控。以 5G 通信为基础，采用智能化高清摄像装置，对园区的所有空间进行实时的监控，包括：对车辆、人员活动情况的监控；对存储物品及相关作业设备的监控；对园区异常情况信息的主动推送；对园区温湿度调节及照明等能源数据进行监控和管理。

园区智慧监控系统基于物联网架构，凭借高精度传感器与先进数据交互链路，采取"有源监测"与"无源监测"双渠道模式，部署如位移/应变监测系统等，通过各类传感器感知各种物理量的微小变化，再由5G上传至云端，从而实现智能分析与实时监测。

二是实施智能安防。 在5G技术支持下，通过智能化高清摄像装置，将园区各部位的人、车、物活动情况及道路清障等情况，实时传输到总监控平台；或者通过植入物联网卡等智能装置，主动、持续向总监控平台发送相关信息；利用智能设备，自主、适时对异常行为进行识别，并将相关图像信息传送到总监控平台，由平台向特定的人或设备发送预警信息；规模较大的园区，可以采用无人机、无人车实施巡更安防。

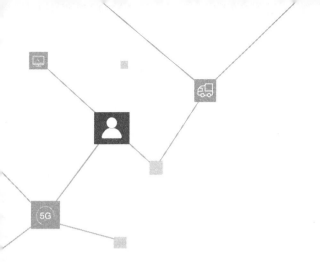

第五章
拥抱"5G+ 物流"

5G 是数字经济时代的关键网络基础设施,是新一代数字经济的重要支撑。5G 与大数据、云计算、物联网、人工智能等紧密结合,将引领移动通信迈向"万物互联"新时代,开启数字经济发展新篇章。

5G 已成为全球数字经济战略实施的先导领域,我国将 5G 视为推进供给侧结构性改革的新动能、振兴实体经济的新机遇、建设制造强国和网络强国的新引擎,大力支持发展 5G。

2018 年 12 月,中央经济工作会议明确"要加强新型基础设施建设,推进人工智能、工业互联网、物联网建设,加快 5G 商用步伐"。2019 年 6 月 6 日,工信部发放 5G 商用牌照,标志着我国正式进入 5G 时代。

2019 年 7 月 17 日,以"5G 商用 共赢未来"为主题的 IMT-2020 峰会在北京召开。工信部副部长陈肇雄在致辞中指出,5G 作为新一代信息通信技术演进升级的重要方向,是实现万物互联的关键信息基础设施、经济社会数字化转型的重要驱动力量。5G既是网络强国建设的重要内容,也是制造强国建设的关键支撑。加快5G商用,对于加快"两个强国"建设、加快数字经济发展,意义重大。

4G改变生活,5G赋能各行各业。5G具有高速率、大连接、高可靠、低时延等特性,可以面向万物智联提供服务,有望给整个社会带来深刻变革。物流行业应积极抢抓5G商用机遇,加快实施"5G+物流"战略,推进物流业高质量、智慧化发展。政府、通信运营商及物流行业应重点在以下几个方面做好工作。

一、政府：统筹协调，
规划引领，政策支持，保障安全

（一）加强组织和协调

实施"5G+物流"战略是一项全新的工作，涉及的部门多、行业广，需要政府部门从加快"两个强国"建设的政治高度出发，加强组织和协调，强化部门协同和上下联动，建立健全政府、企业、行业组织和产业联盟、智库等的协同推进机制，加强在技术攻关、标准制定、产业政策扶持等方面的协调配合。

2019年1月，北京市经济信息化局印发的《北京市5G产业发展行动方案（2019年—2022年）》提出"加强组织领导"，成立由市政府领导牵头，政府相关部门组成的5G产业与应用发展推进小组，强化产业发展协同推进机制，在网络建设、行业应用、资源配置等方面加强联动合作；各区政府根据自身特点，推动落实 5G 产业发展和场景应用；深化"放管服"改革，建立 5G 组网项目和产业化项目绿色通道，由市级统筹，一站式解决跨区基站建设立项问题，推动国家"5G 规模组网建设和应用示范工程项目"加速实施；积极组织国际性 5G 展览与系列技术论坛，聚集创新资源，营造良好发展环境。

对近期各地出台的关于 5G 应用相关政策和工作措施作简要梳理就会发现，除北京外，湖南、河南、江西、贵州及济南市、广州市黄埔区等多数省份、部分地市甚至县级政府，均出台了相关行动方案、发展办法及措施意见，明确工作任务。

如，贵州省印发《贵州省推进 5G 通信网络建设实施方案》，明确提出，按照"政府引导、规划引领、企业推进、共建共享、统筹建设、服务社会"的原则，明确 5G 通信网络建设的总体要求及总体目标，为推进贵州省 5G 网络规划建设和应用发展奠定了坚实的基础；"为进一步加快相关建设单位用地审批和权证办理速度，相关单位将简化通信基站等移动通信基础设施的申报、审批手续和流程，并加大对 5G 基站站址用地的支持力度，尽量做到在避免损坏城市公共设施的前提下，严格按照符合城市市容、景观美化、环保的要求施工建设"。

各级政府及有关部门要继续按照职能分工，加强引导和协调指导，以企业为主体，调动全社会力量建设信息通信基础设施和发展信息通信技术应用；细化政策措施，在政策、标准制定和规划编制中广泛听取意见，提高政府决策的透明度和社会参与度；认真组织贯彻实施，强化对各项政策措施落实情况的督促检查，及时研究新情况、解决新问题，确保重点工作有序推进；鼓励组建产学研用联盟，加强战略、技术、标准、市场等沟通协作；引导社会组织与企业共同制订互联网行规，鼓励企业积极履行社会责任，推动行业自律；充分发挥政府、企业、社会等各方力量，形成诚信、透明、开放、公正的行业发展氛围，为"5G+物流"的发展创造良好的政策和体制环境。

（二）突出规划引领

从目前看，北京市、上海市、甘肃省及济南市、宁波市等多地出台了 5G 产业发展和应用规划，引领 5G 加快发展。

如，《北京市 5G 产业发展行动方案（2019年—2022年）》强调，要加强基站组网建设资源统筹。根据 5G 基站的设计标准，修订《民用建筑通信及有线广播电视基础设施设计规范》和基站规划。

上海市印发了《关于加快推进本市 5G 网络建设和应用的实施意见》，提出将制订 5G 应用创新三年行动计划，推动"5G+4K/8K+AI"应用示范；推进 5G 与智能制造、工业互联网、大数据、人工智能、超高清视频、工控安全等深度融合，打造若干 5G 建设和应用先行示范区；出台 5G 产业发展三年行动计划，加快推进 5G 核心器件的研发和产业化，利用 5G 支撑 4K/8K 超高清视频产业发展。

《宁波市 5G 应用和产业化实施方案》提出，到 2020 年，累计建成 5G 基站 6000 个，实现中心城区、重点产业园区、港口、重点旅游区等重点区域 5G 信号连续覆盖，实现 5G 规模商用；到 2021 年，累计建成 5G 基站超 1.2 万个，实现区县（市）城区、重点乡镇 5G 信号全覆盖；到 2022 年，5G 基站累计达 2 万个，实现普通乡镇及以上区域 5G 信号全覆盖；到 2022 年，5G 在智能港口、智能驾驶、工业互联网、健康医疗、城市服务、文化教育、体育娱乐等领域广泛应用，培育 100 个重点应用场景，形成一批可复制可推广的应用模式和典型案例。

各级政府及相关部门要进一步统筹实施网络强国战略、"宽带中国"专项行动和网络与信息安全、信息通信行业发展规划等专项规划，结合实际研究制定本地区本部门 5G 发展的专项规划，并与各地城市综合规划及各专项规划实现有效衔接；要从构建体系化的 5G 应用部署规划入手，细化落实相关目标和发展重点，积极引导和推动落实相关规划，切实保障"5G+ 物流"战略实施；统筹推进 5G 网络建设，围绕 5G 与物流行业加快融合，做好相关技术与产品的应用推广，努力实现 5G 网络建设与物流业智慧化发展的良性互动，促进 5G 应用发展成效的最大化；要抓好专项规划的实施，按照工作分工，加强沟通协商，密切配合，尽快制定和完善配套政策措施，明确实施范围和进度，并加强指导和监督；各地政府及相关部门要结合当地实际，研究制订"5G+ 物流"落地的具体工作方案，细化落实，确保取得实效。

（三）加大政策支持力度

为加快推进 5G 相关产业发展，北京市、江西省、湖北省及成都市陆续制定并出台 5G 产业发展行动方案及政策措施，从财税、金融、投资和行业管理等多个方面明确机制、措施，形成多渠道、全方位的广泛支持的良好发展局面，促进 5G 产业快速、健康发展。

如，《北京市 5G 产业发展行动方案（2019 年—2022 年）》提出，要建立多渠道资金扶持体系，充分利用现有资金渠道，发挥科技资金、高精尖资金、区级财政资金作用，科技部门重点支持标准创制、技术研发和科研平台建设，经济信息化部门重点支持产品产业化,市区两级共同支持创新示范应用。科创基金设立5G产业子基金,引导社会资本共同投资5G关键技术开发和产业发展,并对承担国家5G相关重大科技专项的北京企业给予资金配套支持。

要加快推动示范应用,充分发挥中关村示范区先行先试引领作用,加大5G原始创新支持力度,用好用足政府购买服务、首台套/首批次采购等政策措施,研究制定5G示范应用支持措施,突破5G远程医疗、自动驾驶等应用领域的现有体制机制和政策障碍。积极在北京地铁、轻轨线路开展5G示范应用。组织运营商与行业企业、重点应用示范区域进行对接,并给予应用政策指导。

要完善人才储备和培养机制,鼓励校企进一步深入合作,培养一批具有国际竞争力的5G产业技术人才和技能型人才。依托国家与北京市重大人才发展战略,支持企业采用灵活的"双聘"制度,以多种方式吸引5G人才和创新创业人才,加大国际5G产业关键、核心人才引进力度,完善人才评价激励机制和配套措施,吸引更多海外高端专业人才来京发展,带动国内人才培养与科研水平提升。

成都市印发《成都市促进5G产业加快发展的若干政策措施实施细则》,明确支持在5G产品推广应用、5G企业做大做强、企业开拓市场、加强产业服务平台建设、加强交流合作、创新平台建设、建设5G创业载体、5G高端人才创业、5G核心产品研发、5G中小企业贷款等11个方面给予补助支持。

要进一步加快"5G+物流"法规制度建设和相关标准制定，建立健全相关法律制度，进一步规范关键基础设施保护、网络安全、数据跨境流动、个人信息保护和基础资源管理，强化执法各环节的制度化、规范化、程序化，加强市场秩序监管执法与司法的衔接，提升法制化水平。强化科技、金融、财政、税收、人才、知识产权等政策支持，为"5G+物流"创新发展营造良好环境。消除行业政策壁垒，推动相关行业合理开放数据并实现平台对接，促进与物流行业的融合发展，共同推进5G在物流行业的应用普及。

（四）强化安全保障

业内人士指出，5G网络是一个全融合的网络，其安全问题也是连接"移动智能终端、宽带和云"的系统化安全问题，更是涉及物理安全、传输安全以及信息安全的全方位安全问题，并由此产生了如大数据安全保护、虚拟化网络安全、智能终端安全等关键安全问题。

中国工程院院士邬贺铨在 2019 年第七届互联网安全大会上发言时表示，5G 时代的来临和工业互联网的应用，使得网络攻击往往会造成比过去更严重的影响，网络安全已经是国家、社会、企业乃至个人绕不开的重要命题。

加强网络安全保障，打造 5G 网络安全生态，一方面要从技术方面入手，建立并完善基础共性、互联互通、安全隐私、行业应用等技术标准，支持企业、高校、科研机构加快 5G 安全领域关键核心技术研发，大力推广应用配套技术，加强重点技术性能评估，提升产品和服务质量，为"5G+物流"发展提供切实可用的工具，要针对"5G+物流"重点产品开展漏洞挖掘、安全测试、威胁预警、攻击检测、应急处置等安全技术攻关，切实保障"5G+物流"的网络安全。

另一方面，要加快完善 5G 网络与信息安全监管体系，强化安全责任考核、安全评估、监督检查管理，构建全周期安全管理链条。建立健全 5G 安全风险态势感知和预警处置机制，不断完善跨部门、跨省协同机制，推动建立流程清晰、高效顺畅的联动机制，形成覆盖全产业链条的安全责任体系。促进企业、政府部门、运营商之间的大数据协同，确保各类安全责任主体能够获得实时威胁情报和风险通报及解决方案，统筹做好 5G 网络设施安全、应用系统安全、数据安全等工作，全面提升 5G 安全保障水平。

同时，要进一步加强应急通信保障能力建设，着力提升5G应用领域的通信网络应急能力，统筹各级政府、各相关部门、基础电信企业、相关物流企业等各相关方的应急通信指挥手段和网络通信应急系统建设，推动各指挥系统间的互联互通，统筹相关资源的动态管理和有效配置，加强应急通信保障队伍的人员配备，重视和加强应急知识宣传，强化培训演练和安全防护措施，确保5G在物流领域的应用安全。

二、通信领域：
降低资费，突破屏障，创新技术

（一）进一步降低资费水平

1.5G 应用之前，流量费已显著下降

4G 商用初期，流量费一度颇受关注，套餐流量不够用、额外流量资费过高等现象为消费者普遍诟病。

2015 年 4 月 14 日，李克强总理在一季度经济形势座谈会上感叹，"我们的流量费太高了。"

2015 年 5 月 13 日，国务院常务会议部署确定加快建设高速宽带网络，促进提速降费的措施，助力创业创新和民生改善，包括：确定加快高速宽带网络建设；促进提速降费（鼓励电信企业发布提速降费方案，使城市平均宽带接入速率提升 40% 以上，降低资费水平）；推进光纤到户和宽带乡村工程；推进电信市场开放和公平竞争(推出流量不清零、流量转赠等服务)；年内宽带接入业务开放试点企业增加到100家以上。为"互联网+"行动提供有力支撑，拉动有效投资和消费、培育发展新动能。

2017年5月1日起，三大运营商不约而同地下调了"一带一路"沿线国家和地区的漫游资费，其中中国联通将25个国家和地区的漫游资费下调至0.49元/分钟。

2018年9月21日，三大运营商提出，进一步提速降费，严查新老用户不同权问题。11月19日，中国移动宣布推出七省市试点阶梯套餐方案。

2019年5月，工信部表示，将推动基础电信企业在全国推出"地板价"的资费方案；面向建档立卡贫困户给予最大的优惠，助力网络精准扶贫；针对中小企业用户，通过直接下调资费价格，免费提速升档等方式，实现资费平均降低15%，支持中小企业和民营经济的发展等。

自2015年以来，三大运营商流量单价下降了90%以上。

2.5G时代流量资费应趋于合理

5G来了，资费问题仍是大众关心的热点话题之一。

前车之鉴，资费过高可能会影响人们对于 5G 使用的积极性。从全球范围看，有些国家已完成 5G 商用，但因资费过于高昂，普通用户用不起，从而限制了 5G 的普及。

10 月 31 日，在 2019 年国际信息通信展上，我国 5G 商用正式启动。中国联通、中国电信、中国移动也正式发布了各自的 5G 套餐，公布了套餐资费情况。5G 基础套餐自 128 元起，最高至 599 元，套餐中包含移动流量从 30GB 到 300GB 不等。其中，中国移动的套餐资费起价 128 元 / 月，中国电信与中国联通的起价均为 129 元 / 月。

如，中国移动推出了 5G 智享套餐个人版和家庭版，各分为 5 档，其中个人版 128 元起享受 30GB 流量 500 分钟通话，598 元则享受 300GB 流量 3000 分钟通话；家庭版 169 元包含 30GB 流量 500 分钟通话，最高为 869 元，包含 300GB 流量 3000 分钟通话。如下表：

中国移动 5G 智享套餐资费

个人版			家庭版		
套餐费（元/月）	流量（GB）	语音（分钟）	套餐费（元/月）	流量（GB）	语音（分钟）
128	30	500	169	30	500
198	60	1000	269	60	1000
298	100	1500	369	100	1500
398	150	2000	569	150	2000
598	300	3000	869	300	3000

（续）

套外资费	
流量	语音
超出后 5 元 /G，满 15 元后按 3 元 /G 计费	0.15 元 / 分钟

中国电信套餐资费从 129 元起步，包含了 5 档资费，最贵只有 299 元。虽然电信的资费跨度不大，但同样也会对不同资费套餐进行限速，只有 299 元的套餐可以享受最高 1Gbps 峰值速率。

中国联通发布的 5G 套餐分为 129 元、159 元、199 元、239 元、299 元、399 元和 599 元 7 个档位，包含的流量从 30GB 到 300GB 不等，对应的网速也是不同的，129、159 和 199 对应网速是 500Mbps，299 元及后面的套餐网速都是 1Gbps，另外超出套餐的流量计费为 3 元 /GB。

有关专家指出，从价格角度看，目前国内的 5G 套餐资费并不算贵。如，韩国 5G 套餐价格约合人民币 325 元至 740 元，且仅包含 8GB 流量（也有人认为，相对于人均可支配约合 22 万元人民币的年收入来说，韩国的 5G 资费水平并不算高，其三家移动运营商的 5G 套餐价格还是很有吸引力的）；美国 15GB 流量的 5G 套餐为 70 美元 (约合人民币 480 元)，但由于 5G 基站不多，消费者还必须自己购买 5G 热点设备。

综合来看，三家运营商推出的套餐资费整体价格低于国际水平，并且此次推出的只是初始套餐，未来随着 5G 网络逐步优化，套餐资费将会不断降低，并且运营商会推出多样化的收费模式。

对于广大物流企业来说，过高的流量费同样会影响 5G 应用的积极性。只有当 5G 的流量单价下降到合理的水平，让广大物流企业能够用得起，"5G+ 物流"才有推广的可能。

（二）突破网络建设屏障

目前，各大运营商均在积极推进 5G 网络建设，取得了一定的进展，但也遇到了一些问题，影响了 5G 网络建设的进度。如：

建设成本问题。5G 无线传输方面的特性，决定了其基站部署的密度要比 4G 及之前的网络更高，加上技术方面的制约，其建设成本目前明显偏高。

供电条件问题。5G 基站建设与运营对用电的要求较高，而目前有些地区的供电设施及供电能力还不能满足 5G 基站的部署条件，需要加以改造。

"辐射恐惧"问题。在商场、写字楼、医院、高校、社区等公共领域部署 5G 基站，可能会面临"辐射恐惧"带来的阻力。从过去的基站部署情况看，绝大多数人是支持的，但也有少数人，特别是小区居民，认为基站会产生影响身体健康的辐射，而反对在身边建基站，甚至私自拆除已有基站。这一认识不破除，也会影响 5G 网络建设进程。

物业索要"好处费"问题。运营商在写字楼或小区建基站要得到物业公司的许可，据了解，有些物业公司在协商部署 5G 基站及微站时趁机索要高额"好处费"，有的"好处费"标准高达每个 5G 基站 30 万元。

这些问题不解决，就会像顽固的屏障，势必阻碍 5G 网络建设的顺利推进。

突破屏障，要破除技术"瓶颈"，降低 5G 基站建设成本；要改进供电设施条件，破解 5G 基站用电难题；要普及电磁辐射相关标准，公开发布 5G 基站辐射监测信息，打消顾虑，消除人为阻力。

有消息称，南方电网根据广东省正在加快广州、深圳 5G 基站建设（广州、深圳 2019 年将分别建设 1.1 万、1.25 万个 5G 基站）在电力保障方面的需求，加强与地方政府、通信企业的联系沟通，及时了解 5G 基础设施发展规划，统筹同步做好配套电网规划建设；优先解决大节点基站、5G通信机房、数据中心等用电扩容问题，确保满足用电需求。

要坚决打击阻碍5G网络建设的违规违法行为，加快5G设施进楼入户步伐。2019年，北京市通信管理局等五部门印发了《北京市关于规范商业、办公类建筑通信配套设施建设与运营的意见》，要求：通信配套设施建设符合《综合布线系统工程设计规范》（GB50311）及相关标准；电信业务经营者应按照承诺向最终用户提供通信服务并按照电信资费标准收费；任何单位和个人不得阻止基础电信业务经营者进入商业、办公类建筑提供公共电信服务。《意见》的出台，为打击违规违法行为，加快5G基站建设，提供了重要的政策支持。

（三）创新配套技术与应用模式

5G网络建设与应用，需要在通信领域和应用环节同时进行技术与应用模式的突破与创新发展。

一方面，需要相关通信技术与产品的支撑。

首先，通过进一步拓展ICT业务，将信息技术与通信网络及技术深度融合，不断叠加物联网等现代技术要素，引导和推动构建先进、高效的信息通信网络，优化5G通信网络构建基础与环境。

据分析，目前运营商推动开展的ICT业务，其着眼点主要在于提供信息与通信整合的网络优化服务，重点是企业ICT服务，而且是以中小企业的业务信息化为主要方向。

随着全球ICT厂商供应链优化调整的加速，以及国内信息通信市场竞争的日趋激烈，我国ICT产业链全球化将是大势所趋。各大运营商和相关企业一方面要进一步巩固区域及国内通信业务外包、通信设备与服务、消费电子、IT安全等领域的市场，提供更加精准、高效的服务；另一方面，要着眼全球市场，推动本土企业的ICT系统与国际接轨，建立新的IT系统或持续增加ICT投资，并在网络通信集成、软件开发、细分市场外包服务等领域加快发展，进一步整合内外部资源，为客户提供从网络通信到网络应用、行业应用的整体服务业务。

另外，要加快研发适应5G网络建设和应用需求的技术和产品。如，5G基站需要支持的频段数大大增加，相应的射频组件的需求也随之增加，但我国在射频器件方面设计能力严重落后，工业级产品制造工艺能力不足。突破5G核心器件关键技术并实现产业化应用，应作为发展5G产业的首要任务。

笔者从中国移动北京公司组织召开的以"智联世界，慧及万物"为主题的物联网国际业务交流会上获悉，中国移动将建设世界上规模最大的 5G 试验网，并在相关技术产品领域取得了突破。

例如，中国移动已研发出基于高通 SDX55 平台的工业级多模 5G 通信模组，即将实现量产，未来将广泛应用于工业互联网、视频监控、VR/AR 及 PC 等行业市场。

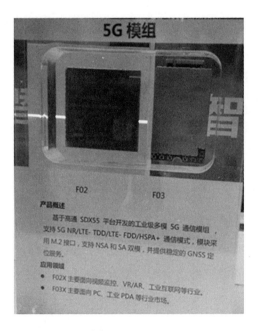

中国移动研发的工业级多模 5G 通信模组

在政府政策支持下，相关企业要加快成立 5G 产业创新中心，建设相关工艺验证线，组建核心工艺团队，推进核心器件能力成熟、构建开发协作生态，搭建 5G 核心器件技术开发、中试验证工艺线、产品分析测试平台；组织实施 5G 器件设计，完善 5G 芯片设计工具，抓紧研发射频天线、功率放大器、低噪声放大器、滤波器、开关及模组等产品，实现处理器、高端模数 / 数模转换器、高端锁相环等芯片和器件从无到有，突破中高频系统解决方案能力。

另一方面，需要应用环节的配套技术与模式创新。

要加快推进智能操作系统、基础及应用软件、智能物流和无人配送系统示范应用、超高速无线通信系统示范应用等产业化项目，引导 5G 创新成果转化，推动 5G 从技术研发到产业化落地，并实现行业规模化应用。

要创新应用模式，深化 5G 在物流全领域的融合应用，形成一批可复制推广的创新应用模式，培育壮大行业龙头企业，发挥辐射带动作用，打造"5G+ 物流"应用生态系统，培育新的经济增长点。

目前，应用环节的技术与产品日趋成熟，并实现了与物联网应用发展的深度融合，广泛应用于智能制造、智慧办公、智慧城市建设等场景。相关产品的生产厂商众多，各类产品均可从厂家采购,甚至可以直接从网上购买。

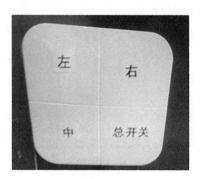

智能开关

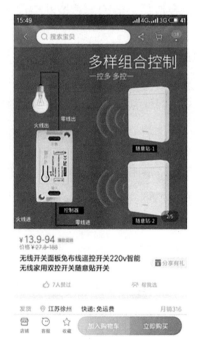

网上销售的智能开关

第五章
拥抱"5G+物流"

同时,致力于 5G 通信网络建设及相关支持方案提供、专注智慧办公及物流园区 5G 应用系统建设的企业迅速发展,为"5G+物流"发展提供了更多的可选择途径。

如,北京中电合创科技有限公司是一家专业的通信整合服务商,目前将提供智慧物流、共享办公等场景的通信网络解决方案作为业务创新方向,正在组织开展"5G+物流"相关创新业务研发。

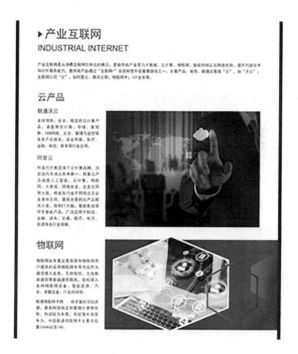

中电合创的产业互联网产品

三、物流领域：完善标准，
　　智能全链化，增加投入，培养和储备人才

（一）夯实物流标准化基础

2016年，商务部与国家标准委联合印发《国内贸易流通标准化建设"十三五"规划（2016—2020年）》，提出要加强商贸物流标准化，降低物流成本；要完善商贸物流标准体系，加强重点领域、新兴业态标准制修订；积极推动物流标准的实施应用，鼓励使用标准化的物流装备设施、载具器具、包装、信息系统和作业流程等，促进供应链上下游标准相衔接，提升物流整体标准化水平；鼓励物流资源开放共享，探索建立社会化的标准托盘循环共用体系，推动带托盘运输与多式联运、共同配送等先进组织模式相结合，促进提高效率、降低成本；提出推进商贸物流标准化专项行动计划，支持以标准托盘（1.2m×1.0m）及其循环共用为切入点，推动上下游物流设施的标准化更新与改造，带动供应链或区域范围内普及应用标准托盘、实施带托盘运输；支持物流包装标准化、绿色化、减量化及循环利用，形成与标准托盘衔接联动的局面；支持仓储、加工、分拣、配送等流程服务标准化，推动单元化物流和供应链全程"不倒盘、不倒筐"。目前，相关工作已取得初步成效，积累了一些可复制推广的经验。

总体上看，近年来我国物流标准体系逐步完善，确立了以物流基础通用类、公共类和专业类物流标准为主体结构的物流标准体系总体框架，交通运输、仓储配送、快递物流、商贸物流、设施设备等物流领域的标准化工作快速发展；物流标准制修订工作顺利推进，据粗略统计，在我国现已制定颁布的物流或与物流有关的标准已有近千个，物流全流程、各领域逐步实现"有标准可依"；物流标准实施成效显著，在加强物流企业规范自律、诚信经营、健康发展等方面发挥了重要作用；物流标准化工作机制不断完善，物流标准实施监督管理机制初步建立，有效推动了物流标准的实施应用，为物流业健康发展发挥了重要作用。

未来的"5G+物流"战略实施，必须以物流标准化为基石，以物流全流程、全领域为基准，对设施、设备、专用工具等技术标准，包装、装卸、运输等工作标准，物流运作、服务等质量标准，进行统筹整合，形成系统化、一贯化的标准体系。同时，要结合物联网、云计算、大数据等新兴信息技术，完善我国物流信息标准体系和国家统一物品编码标准体系，服务于第三方物流公共服务平台的建设。

（二）推进物流全链路智慧化

近年来，我国物流领域的智能技术与设备创新发展，大数据、云计算、人工智能、物联网等技术与物流领域实现了深度融合发展。如，传统的自动化立体库接入网络，实现了"自动化+网络化"；先进的仓储机器人通过自主控制技术，进行智能抓取、码放、搬运及自主导航；高速联网的移动智能终端设备，让物流人员操作更加高效便捷，人机交互协同作业更加人性化；拣选货物的智能手持终端产品、引导拣选货物的电子标签拣选系统、仓库监管的视频监控联网技术、自动识别与分拣技术，智能输送分拣系统、嵌入了 RFID 的托盘与周转箱、智能穿梭车等持续快速发展，实现了货物的智慧追踪追溯；送货机器人和无人机研发已经开始在偏远地区等局部场景进入实用测试；末端配送环节实现了动态运力匹配和路径优化；物流数据领域，越来越多的场景实现了实时决策分析。

为实施"5G+物流"战略，还需要更加充分地利用智慧技术创新发展模式，推进物流各环节的智慧化向全流程整合、全链路的智慧化发展，进一步提升中小物流企业的智慧化水平，实现物流全领域的数字化转型、智能化改造，加快构建智慧物流生态体系。

（三）多渠道增加投入

"5G+物流"涉及相关通信网络及物流设施建设，以及相关设备配置及平台与网络搭建，资金投入需求较大，既需要政府的资金扶持，也需要相关参与企业自身投入。

政府在资金上的扶持，主要依靠各级财政资金、科技资金及相关技术基金的投入。例如，《北京市5G产业发展行动方案（2019年—2022年）》提出，要建立多渠道资金扶持体系，充分利用现有资金渠道，发挥科技资金、高精尖资金、区级财政资金作用，设立5G产业子基金，引导社会资本共同投资5G关键技术开发和产业发展，对承担国家5G相关重大科技专项的北京企业给予资金配套支持。

从企业层面看，"5G+物流"战略实施主体是各类相关企业，其设施建设与设备配置及相关的平台与网络搭建，主要还要依靠企业自身的投入。企业可通过银行贷款、股票上市、发行债券、增资扩股、企业兼并、中外合资等途径，多渠道筹集资金。各级政府对涉及全国性、区域性重大的"5G+"物流项目,可根据项目情况和财力状况适当安排预算内资金,以投资补助、资本金注入或贷款贴息等方式给予支持,由企业进行市场化运作。

(四)加快人才培养与储备

"5G+物流"是通信、智能等先进技术与物流产业的深度融合,涉及的知识、理念、技术范围广,对规划、运营和管理的能力与水平要求高,其顺畅实施及未来的发展,需要各类人才的保障,尤其是复合型人才。

"5G+物流"需要复合型人才

技术		人才
□ 移动互联技术 □ 大数据及云计算技术 □ 物联网技术 □ 智能技术 □ 区块链技术	→ "5G+物流" ←	□ 复合型管理人才 □ 复合型专业技术人才 □ 高技能人才 □ 智能化设备运营人才 □ 物流装备运维人才

鼓励引导政府及相关企业进一步完善信息通信人才培养机制,加快培养既具备物流专业知识与技能,又具备信息化技术的复合型人才。创新与优化人才引进、使用和激励机制,提高专业技术人才自主创新和参与科研成果转化的积极性,支持优秀专业人才创新创业。加强教育学科配置的优化,

综合利用社会及企业资源，推动建立多方联合培养机制，加快培养通信、互联网、物联网、网络与信息安全等专业的紧缺人才。充分利用学历教育、非学历教育、短期培训等多种途径和方式，发展多层次教育体系和在职人员培训体系，加快培育跨领域、国际化、高层次、创新型、实用型信息技术人才和服务团队。鼓励企业与大学、科研机构合作，编写精品教材，建设实践基地，加强相关人员业务培训，提高实际操作能力。坚持引进海外留学人才和各国高精尖稀缺人才来中国发展与国内人才培养并重，促进国内科研水平的提升和科研成果转化。对于在"5G+物流"方面有深入理解且懂管理、会操作的人才，要重点培养、委以重任，使其在实践中学、在实践中成长，为未来"5G+物流"战略的深入实施储备人才。

5G网络设施加快布局及5G通信技术的推广应用，必将助力新型通信网络体系构建，加快我国网络强国建设进程；5G与大数据、云计算、人工智能等现代先进技术的全面融合，加快实现万物广泛互联、人机深度交互，必将对我国经济社会产生深远影响；5G与物流、工业制造等产业的多维度叠加，必将加快提升我国产业强国水平。

5G发展，具有里程碑意义。

我们的使命，就是大胆地去拥抱它。